Vorwort

Zwangsvollstreckung: Ein ... , komplexes Thema.

Nach erfolgreicher Titulierung einer Forderung ist die Realisierung oftmals nur durch gezielte Zwangsvollstreckungsmaßnahmen erfolgreich. Hierbei gilt es, die rechtlichen Voraussetzungen zu erfüllen, Fehler zu umschiffen und die richtige Maßnahme zu der jeweiligen Situation zu finden.

Falsche oder unnötige Maßnahmen bedeuten nicht nur finanziellen Schaden sondern auch Zeitverlust. Zeit, in der andere Gläubiger eventuell erfolgreich in Vermögenswerte zugreifen konnten.

Zum anderen bieten sich Möglichkeiten, auch unwilligen Schuldnern den Ernst der Lage zu verdeutlichen.

Fundiertes Wissen ist unabdingbar, sofern Sie in Ihrem Unternehmen selbst Zwangsvollstreckungsverfahren abbilden und entsprechende Aufträge erteilen. Aber auch bei einer Kooperation mit Rechtsanwälten oder Inkassodienstleistern lohnt es sich, Grundwissen in der Zwangsvollstreckung zu besitzen um den Prozess und die Vorgehensweise (und damit den Erfolg und die Seriosität) Ihres Dienstleister prüfen und beurteilen zu können.

Nicht zuletzt kann eine Realisierung durch Vollstreckungsmaßnahmen auch Schutz vor Rückforderungen im Falle einer späteren Insolvenz Ihres Kunden bieten! Wie? Die Antwort finden Sie in diesem Buch.

Mit diesem Ratgeber steigt jeder kurzweilig und dennoch mit dem nötigen Fachwissen in das Thema „Zwangsvollstreckung" ein.

Vollstrecken Sie konsequent. Richtig. Und erfolgreich.

Inhalt

Vorwort 1

Über uns 6

Einleitung 8

Definition des Begriffes Zwangsvollstreckung 10

Der richtige Weg 12

Der Vollstreckungsauftrag 15

Die Vermögensauskunft 20

Der Verhaftungsauftrag 22

Das vorläufige Zahlungsverbot 24

Der Pfändungs- und Überweisungsbeschluss 34

Drittschuldner & Drittschuldner-Erklärung 37

Voraussetzungen der Zwangsvollstreckung 41

Der Vollstreckungstitel 42

Die Vollstreckungsklausel 45

Zustellung 46

Sicherheitsleistung 47

Kosten & Gebühren 48

Besonderheiten & Tricks 52

Die üblichsten Zwangsvollstreckungsvorgänge 67

Pfändung von Arbeitseinkommen 68

Pfändung von Vermögenswirksamen Leistungen..72

Pfändung von Guthaben aus Girokonten, Depot, Wertpapieren, Bargeld 73

Pfändung eines Dispositionskredites/Kreditlinien.76

Pfändung von Forderungen 78

Pfändung von Vermögen des Schuldners auf Konten Dritter 79

Pfändung eines Bankschließfaches (Inhalt) 83

Pfändung der Altersvorsorge / Rentenanspruch ...86

Pfändung in Vermögen / Hausrat – sogenanntes bewegliches Vermögen...............................89

Pfändung von Steuererstattungsansprüchen 90

Pfändung von Kraftfahrzeugen 96

Pfändung in Immobilienvermögen 100

Pfändung von Mieteinnahmen (Schuldner ist Vermieter)..............................103

Pfändung der geleisteten Mietkaution (Schuldner ist Vermieter)..............................105

Pfändung der vom Schuldner geleisteten Mietkaution (Schuldner ist Mieter) 107

Pfändung einer Unternehmensbeteiligung (Gesellschaftsanteile) 108

Pfändung einer Internetdomain 112

Pfändung von Unterhalt 115

Pfändung von Kindergeld / Elterngeld / Betreuungsgeld 116

Pfändung von Ansprüchen aus Lebensversicherung 119

Pfändung von Schmerzensgeld 122

Pfändung in einen Nachlass 123

Pfändung eines Erbteils / Pflichtteils 125

Pfändung von Krankengeld / Krankentagegeld ... 128

Pfändung von Rückzahlungsansprüchen aus Energie-/Verbrauchskosten 129

Pfändung von Strafgefangenengeld / Eigengeld.. 132

Pfändung in Leasingverträge (Schuldner = Leasingnehmer) 133

Vollstreckungshindernisse & Vollstreckungsfehler 137

Verjährung in 30 Jahren! Ist das die ganze Wahrheit? 153

Über uns

Das Buch *Zwangsvollstreckung für Einsteiger* ist ein Ratgeber der RiVa PROJEKTE + MANAGEMENT GmbH. Die RiVa PROJEKTE + MANAGEMENT GmbH hat es sich zur Aufgabe gemacht, Verbraucher in verschiedenen Themen des Alltages einfach, unkompliziert und zu fairen Konditionen durch Ratgeber und Internetseiten zu unterstützen und sowohl Hintergründe als auch Zusammenhänge aufzuzeigen.

Für Unternehmen werden fachliche Ratgeber und entsprechende Businessportale angeboten.

Der Autor dieses Ratgebers verfügt über umfangreiches Fachwissen als früherer Geschäftsführer einer Treuhand- und Inkassogesellschaft und jahrelanger Tätigkeit als Mitglied der Geschäftsleitung in mittelständischen Inkassounternehmen der D-A-CH-Märkte. Zudem war er aktiv am Aufbau einer rein internetbasierten Inkassoanwendung beteiligt.

Aktuell verantwortet er unter anderem das Mahnwesen eines Konzernunternehmens aus der Zahlungsverkehrsbranche.

Auch der laufende Austausch mit auf dem Gebiet des Forderungsmanagements erfahrenen Juristen und

Rechtsanwälten gewährleistet effektive und aktuelle Inhalte.

In der Rategeber-Reihe sind bereits erschienen:

Mahnen für Einsteiger (ISBN 978-1980212409)

Zwangsvollstreckung für Einsteiger (ISBN 978-1980289074)

Einleitung

In diesem Buch werden Sie die Voraussetzungen kennenlernen, die notwendig und zu erfüllen sind, um überhaupt einen Zwangsvollstreckungsauftrag durchführen oder beauftragen zu können.

Wann muss ein Zwangsvollstreckungsauftrag erteilt werden und in welchen Fällen ist ein Antrag auf Erlass eines Pfändungs- und Überweisungsbeschlusses notwendig? Wer ist in die Verfahren involviert und wohin müssen die Anträge gestellt werden? Wie sehen die Anträge überhaupt aus? Diese Fragen beantworten wir im Nachfolgenden.

Wir zeigen Ihnen ferner die üblichsten Vollstreckungsmaßnahmen und geben ein paar Informationen zu Besonderheiten und Tricks.

Wichtig ist uns aber auch, auf einen fairen Einsatz der Möglichkeiten, die Ihnen als Gläubiger durch den Gesetzgeber gegeben werden, hinzuweisen.

Die gesetzlichen Möglichkeiten der Zwangsvollstreckung sollen durchaus dazu dienen, von zahlungsunwilligen Schuldnern mit Zwang Realisierungen erfolgreich erreichen zu können.

Ist ein Schuldner jedoch zweifelsfrei zahlungsunfähig – Anzeichen können Ihnen eventuell aus dem Mahnverfahren, geführter Korrespondenz oder auch der Vermögensauskunft bekannt sein – ist zum richtigen Zeitpunkt eine gezielt eingesetzte Zwangsvollstreckungsmaßnahme nicht falsch. Den Schuldner aber mit unzähligen und im Ergebnis unnötigen Maßnahmen zu überziehen ist nicht Sinn der Zwangsvollstreckung.

Von daher unser Appell: Die richtige Maßnahme im richtigen Moment! So verschaffen Sie sich Ihr Recht, vermeiden dennoch unnötige Kosten und zeigen auch in diesem heiklen Stadium des Forderungsmanagements Ihren professionellen und seriösen Auftritt.

Steigen sie ein in das Thema der Zwangsvollstreckung und bauen Sie weitere Prozesse und Maßnahmen auf Ihrem fundierten Fachwissen auf.

Wir starten in diesem Buch mit dem Teil des Forderungsmanagements ab Vorliegen eines Vollstreckungstitels, also z.B. einem Vollstreckungsbescheid. Das komplette Mahnverfahren vor diesem Zeitpunkt, also von der Rechnung bis zur Titulierung, ist Inhalt unseres Ratgeber-Buches „*Mahnen für Einsteiger*".

Definition des Begriffes Zwangsvollstreckung

Immer wieder wird der Begriff Zwangsvollstreckung verwendet, um Schuldnern Angst zu machen und durch erhöhten Druck eine Zahlung zu bewirken.

Sehr oft erzeugt genau diese Vorgehensweise das Gegenteil:

Ängstliche Schuldner stecken den Kopf in den Sand und fürchten das, was nun kommen mag.

Professionelle Schuldner wissen: Jetzt haben sie erstmal Zeit gewonnen.

Der Begriff sollte daher nicht Bestandteil einer vorgerichtlichen Mahnung sein.

Doch was versteht man nun unter Zwangsvollstreckung?

Es handelt sich im Prinzip um einen Vorgang als Bestandteil des Forderungsmanagements, in dem ein Gläubiger berechtigte Ansprüche gegen einen Schuldner mit den Mitteln der Staatsgewalt durchzusetzen versucht.

Dass es hierzu selbstverständlich einige Voraussetzungen gibt, die erfüllt sein müssen, versteht sich.

Schließlich wäre es fatal, sofern jeder, der meint eine Forderung zu besitzen, ungeprüft Aufträge im Wege der Zwangsvollstreckung erteilen könnte.

Der richtige Weg

Sie fragen sich vielleicht an dieser Stelle, wie ein Zwangsvollstreckungsverfahren überhaupt starten kann.

In den folgenden Kapiteln lesen Sie die notwendigen Voraussetzungen und wir zeigen Ihnen die üblichsten Zwangsvollstreckungsmaßnahmen auf.

Müssen Sie nun aber einen Zwangsvollstreckungsauftrag oder einen Antrag auf Erlass eines Pfändungs- und Überweisungsbeschlusses stellen? Was ist überhaupt der Unterschied?

Keine Angst, auf alle diese Fragen werden wir eingehen.

Der richtige Weg ergibt sich automatisch aus der Maßnahme, die Sie einleiten möchten.

Grundsätzlich können Sie die Auftragsart je nach Art der beabsichtigten Pfändungsmaßnahme unterscheiden. Möchten Sie bewegliches Vermögen pfänden (also z.B. Hausrat, ein KFZ, etc.) ist ein Zwangsvollstreckungsauftrag der richtige Weg. Mit diesem erhält der örtlich zuständige Gerichtsvollzieher den Auftrag, einen entsprechenden Pfändungsversuch vor Ort zu unternehmen.

Ist jedoch eine Pfändungsmaßnahme in nicht bewegliches Vermögen beabsichtigt (also alles, was der Gerichtsvollzieher nicht physisch entfernen kann), z.B. in Gehaltszahlungen, in Guthaben bei Banken, in Immobilien, etc., muss ein Antrag auf Erlass eines Pfändungs- und Überweisungsbeschlusses gestellt werden.

Dieser wird dem sogenannten Drittschuldner zugestellt, damit eine Leistung zu Ihren Gunsten erfolgen kann. Die Details haben wir in den nachfolgenden Kapiteln aufgezeigt.

Bei den beschriebenen Pfändungsvarianten haben wir zudem angegeben, ob die Maßnahme durch einen Zwangsvollstreckungsauftrag oder durch einen Antrag auf Erlass eines Pfändungs- und Überweisungsbeschlusses gestartet werden muss.

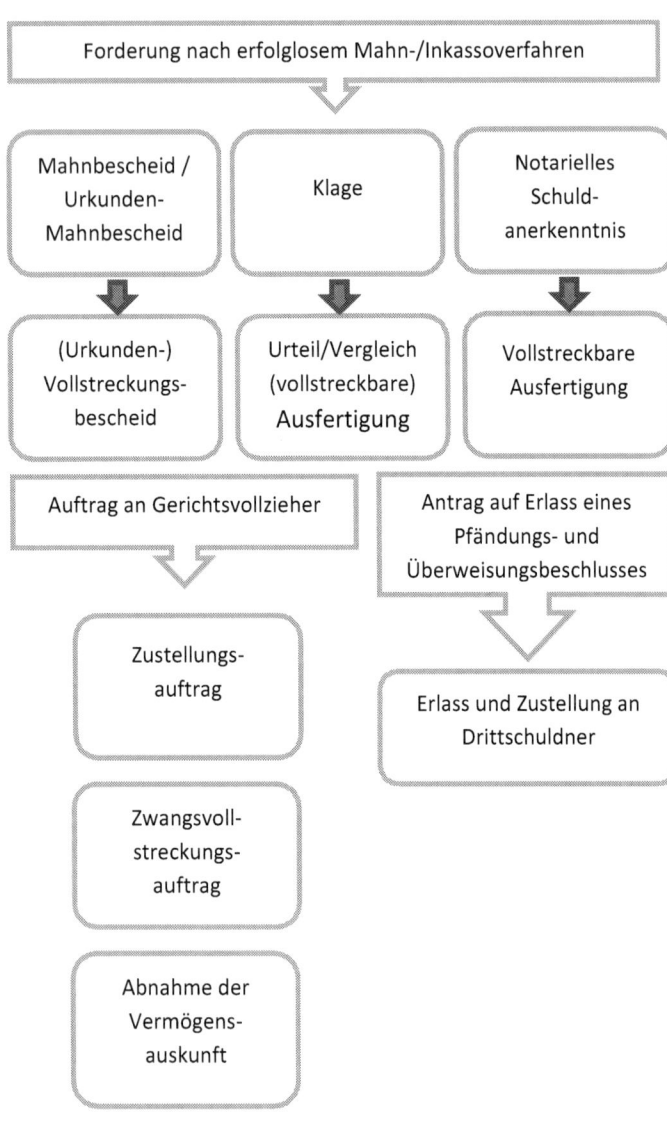

Der Vollstreckungsauftrag

Ein Vollstreckungsauftrag wird an den zuständigen Gerichtsvollzieher am Wohnort (Privatperson) / Sitz (Unternehmen) des Schuldners erteilt. Dieser führt die Zwangsvollstreckungsmaßnahme und gegebenenfalls Folgemaßnahmen (z.B. die Abnahme der Vermögensauskunft nach einem erfolglosen Zwangsvollstreckungsversuch) durch.

Selbstverständlich können Aufträge direkt an den zuständigen Gerichtsvollzieher erteilt werden, sofern dieser bekannt ist.

Es empfiehlt sich jedoch, die Aufträge über die Verteilungsstelle für Gerichtsvollzieheraufträge beim zuständigen Amtsgericht am Wohnort/Sitz des Schuldners zu erteilen. Diese Stelle verteilt an die zuständigen Gerichtsvollzieher. Damit ist auch bei Abwesenheit, Wechsel von Bezirken, Vertretern etc. gewährleistet, dass der Auftrag ohne Zeitverzug bei dem richtigen Gerichtsvollzieher eintrifft.

Achtung: Bei der Auftragserteilung herrscht Formularzwang! Formlos erteilte Aufträge werden zurückgewiesen und nicht bearbeitet. Es empfiehlt sich deshalb zur Vermeidung von falschen oder unvollständigen Aufträgen, die offiziellen Formulare zu verwenden, die Sie im Internet herunterladen können (z.B. über die Website des DGVB – Deutscher

Gerichtsvollzieher Bund e.V. – Internet: www.dgvb.de/vordrucke). Aus Aktualitätsgründen haben wir auf den Abdruck dieser Formulare verzichtet und verweisen auf die Downloadmöglichkeit; so ist gewährleistet, dass Sie stets die aktuellsten Formulare verwenden.

Sofern im Folgenden Stellen mit einem Buchstaben (z.B. „Punkt G") genannt sind, beziehen sich die Angaben auf die entsprechende Stelle in diesen Formularen. Dort sind diese Passagen mit dem genannten Buchstaben markiert.

Ein Vollstreckungsauftrag dürfte in aller Regel nach Vorliegen des Vollstreckungstitels die erste Zwangsvollstreckungshandlung sein, die beauftragt wird.

Mit diesem Auftrag, der sich nicht explizit auf einen bestimmten Sachverhalt bzw. nicht auf einen definierten Vermögenswert des Schuldners bezieht, ergeben sich mehrere Erledigungsmöglichkeiten.

Zum einen kann es vorkommen, dass der Schuldner bei Besuch durch den Gerichtsvollzieher und Eröffnung des Vollstreckungsauftrages die Forderung an diesen begleicht.

Alternativ kann es auch möglich sein, dass er eine Teilzahlung leistet und ein Ratenangebot unterbreitet.

In diesem Fall kann Ihr Unternehmen als Gläubiger bereits in dem Vollstreckungsauftrag genau eine Arbeitsanweisung an den Gerichtsvollzieher erteilen, wie zu verfahren ist (z.B. grundsätzlich keine Ratenzahlung oder ein Mindestbetrag für Raten, etc. – siehe hierzu auch die Punkte E-F im Formular „Zwangsvollstreckungsauftrag").

Zum anderen dient dieser Auftrag für den Fall, dass keine Erledigung in Form einer Zahlung oder Zahlungsvereinbarung erfolgen kann, als Basis für die sich anschließende Zwangsvollstreckung in das bewegliche Vermögen des Schuldners vor Ort (Punkt K im Formular „Zwangsvollstreckungsauftrag").

Unter dem Punkt G im Formular „Zwangsvollstreckungsauftrag" können Sie sodann angeben, ob die Vermögensauskunft dem Schuldner abzunehmen ist - wahlweise direkt (ohne vorherigen Zwangsvollstreckungsversuch) oder nach vorherigem Versuch (der in aller Regel erfolglos war). Sie haben unter Punkt G3 auch die Möglichkeit, eine erneute Abnahme der Vermögensauskunft zu verlangen, sofern Anhaltspunkte bekannt sind, dass sich die Vermögensverhältnisse des Schuldners wesentlich geändert haben könnten.

Unter Punkt H haben sie die Möglichkeit, für den Fall, dass der Schuldner sich weigert, eine

Vermögensauskunft abzugeben oder zu dem Termin trotz Ladung nicht erscheint, gegen diesen einen Haftbefehl zu beantragen. Dieser Haftbefehl wird sodann mit Ihrem Auftrag dem Gerichtsvollzieher zur Verhaftung des Schuldners zur zwangsweisen Abnahme der Vermögensauskunft zur Verfügung gestellt. Es empfiehlt sich daher aus Zeitgründen, bereits hier zu beantragen, dass der erlassene Haftbefehl direkt dem Gerichtsvollzieher übermittelt wird.

Sodann haben Sie als Gläubiger in dem Vollstreckungsauftrag auch die Möglichkeit, den Gerichtsvollzieher mit weiteren Ermittlungen oder der Einholung von Auskünften zu beauftragen bzw. Hinweise zur Bearbeitung Ihres Auftrages zu erteilen.

Der als Muster im Anhang zur Verfügung gestellte Vollstreckungsauftrag ist sehr komplex und enthält nahezu alle in Frage kommenden Auftragsvarianten. Selbstverständlich ist es auch möglich, Vollstreckungsaufträge mit geringerem Umfang zu erteilen oder diese mit allen notwendigen Angaben aus einer EDV-Umgebung heraus zu erzeugen (üblich bei Rechtsanwälten oder Inkassodienstleistern). Sie erhalten aber mit diesem Muster ein Gefühl zu den grundsätzlichen Möglichkeiten, daher haben wir dieses gewählt.

Die Vermögensauskunft

Wie in vorstehendem Kapital schon kurz erwähnt, ist ein möglicher Bestandteil eines Vollstreckungsauftrages die Abnahme der Vermögensauskunft.

Diese Abnahme kann mit vorangegangenem oder auch ohne Pfändungsversuch beauftragt werden. Der Gerichtsvollzieher kann dann wählen, ob die Abnahme der Vermögensauskunft auf einem vorgefertigten Formular direkt vor Ort erfolgt oder ob er den Schuldner separat zu einem Termin in sein Büro vorlädt (oder alternativ nochmals selbst vor Ort kommt).

Als Gläubiger haben Sie auch das Recht, mit dem Auftrag gleich anzugeben, ob Sie bei der Abnahme der Vermögensauskunft mit anwesend sein möchten. In diesem Fall wird in jedem Fall ein separater Termin anberaumt. Dieses Vorgehen empfiehlt sich dann, sofern Erkenntnisse vorliegen oder aufgrund Ihnen bekannter Umstände gezielte Fragen gestellt werden sollen und Sie darauf achten wollen, dass die Angaben in der Vermögensauskunft zu diesen Punkte auch komplett und wahrheitsgemäß eingetragen wurden.

In der Vermögensauskunft selbst hat der Schuldner alle Angaben zu seiner finanziellen Situation zu machen – sowohl zu Vermögen, Forderungen

Wichtig: Gerade bei mehreren parallel platzierten Pfändungen kann es vorkommen, dass die Forderung schneller als gedacht beglichen ist. Denken Sie daran, zum Einen den Vollstreckungstitel an den Schuldner entwertet auszuhändigen und vor allem auch daran, die Drittschuldner zu informieren damit sichergestellt werden kann, dass die dortigen Pfändungsvermerke gelöscht und nicht weitere Geldmittel Ihrem Unternehmen überwiesen werden.

gegenüber Dritten, etc. aber auch zu Verbindlichkeiten, Abtretungen, etc.

Diese Vermögensauskunft wird Ihnen als Gläubiger in Abschrift zur Verfügung gestellt. Eventuell ergeben sich daraus Ansatzpunkte für weitere Zwangsvollstreckungsmaßnahmen (z.B. Pfändung von Ansprüchen des Schuldners gegenüber Dritten).

Nachdem die Abgabe der Vermögensauskunft (früher: Eidesstattliche Versicherung; noch früher: Offenbarungseid) auch in öffentlichen Schuldnerregistern erfasst und für berechtigte Teilnehmer, die derartige Auskünfte abfragen, sichtbar ist (nicht der Inhalt, sondern die Tatsache, dass die Vermögensauskunft abgegeben wurde), sinkt damit die Bonität des Schuldners gravierend mit der Folge, dass beispielsweise keine Finanzierungen oder Mobilfunkverträge, etc. mehr abgeschlossen werden dürften.

Der Schuldner hat ein ureigenes Interesse daran, seine Situation zu regulieren, damit der Eintrag gelöscht wird.

In dem Formular „Zwangsvollstreckungsauftrag" sind unter dem Punkt G die entsprechenden Möglichkeiten im Rahmen der Abnahme einer Vermögensauskunft enthalten.

Der Verhaftungsauftrag

Sofern der Schuldner sich weigert, die Vermögensauskunft vor dem Gerichtsvollzieher abzugeben bzw. zu einem geladenen Termin, der die Abnahme der Vermögensauskunft zum Inhalt hat, nicht erscheint und hierfür keine Entschuldigung vorliegt, kann auf Ihren Antrag hin ein Haftbefehl gegen den Schuldner erwirkt werden.

Diesen Antrag stellt Ihr Unternehmen als Gläubiger in dem Vollstreckungsauftrag. Damit ist der Gerichtsvollzieher beauftragt, sofern die Voraussetzungen vorliegen, den Vorgang an das zuständige Amtsgericht weiterzuleiten. Dort wird sodann nach Prüfung der Haftbefehl erlassen.

Sie können weiter in dem Vollstreckungsauftrag angeben, ob der Haftbefehl nach Ausfertigung Ihnen als Gläubiger, einem Gläubigervertreter (dies kommt in Betracht, sofern Sie einen Rechtsanwalt oder einen Inkassodienstleister mit der Vollstreckung beauftragt haben) oder direkt dem Gerichtsvollzieher übermittelt wird.

Unser Tipp: Beantragen Sie die Übermittlung direkt an den Gerichtsvollzieher, damit dieser ohne weiteren Zeitverzug die weiteren Maßnahmen (= Versuch der Abnahme der Vermögensauskunft, anderenfalls Verhaftung des Schuldners) direkt einleiten kann.

Der Gerichtsvollzieher wird den Schuldner sodann unter Zuhilfenahme der Polizei verhaften, sofern er noch immer nicht zur Abgabe der Vermögensauskunft bereit ist. Die Haft soll dazu dienen, ihn zu dieser Abgabe zu bewegen. Nach der Abgabe der Vermögensauskunft wird die Haft selbstverständlich sofort wieder aufgehoben.

Finden Sie unter Punkt H im Formular „Zwangsvollstreckungsauftrag" die entsprechenden Möglichkeiten im Rahmen des Antrages auf Erlass eines Haftbefehls.

Das vorläufige Zahlungsverbot

Bei dem vorläufigen Zahlungsverbot handelt es sich um eine Art „Vorstufe" des Pfändungs- und Überweisungsbeschlusses.

Nachdem der Pfändungs- und Überweisungsbeschluss über das Vollstreckungsgericht beantragt, dort von einem Rechtspfleger geprüft und erlassen und anschließend über die Gerichtsvollzieherverteilerstelle an den zuständigen Gerichtsvollzieher zur Zustellung gegeben werden muss und mit diesem Gesamtprozess ein Zeitbedarf verbunden ist, kann für eine Blockierung von Zahlungen durch den späteren Drittschuldner an den Schuldner vorab ein vorläufiges Zahlungsverbot zugestellt werden.

Aus diesem Grund wird das vorläufige Zahlungsverbot auch Vorpfändung genannt.

Der Vollstreckungstitel muss dem vorläufigen Zahlungsverbot nicht beigefügt werden; dieser muss dann dem späteren Pfändungs- und Überweisungsbeschluss im Original beigefügt werden. Sodann wird der Auftrag über einen Gerichtsvollzieher zugestellt.

Theoretisch kann das vorläufige Zahlungsverbot damit in Vorbereitung des Pfändungs- und Überweisungsbeschlusses schon veranlasst werden, wenn der Titel noch nicht vorliegt. Dieses Vorgehen ist allerdings gut zu überlegen, da spätestens (ab dem Tag der Zustellung gerechnet) nach einem Monat der Pfändungs- und Überweisungsbeschluss zugestellt werden muss – und hierfür muss der Titel dann im Original vorliegen.

Ab dem Moment der Zustellung darf wie erwähnt keine Verfügung mehr zu Gunsten des Schuldners erfolgen. Zwar erhält auch der Gläubiger – zunächst – keine Gelder, aber zumindest sind diese und der Rang der Pfändung gesichert. Wird im nächsten Schritt der Pfändungs- und Überweisungsbeschluss nachgereicht rückt dieser auf die Rangstelle des vorläufigen Zahlungsverbotes (auch falls in der Zwischenzeit von weiteren Gläubigern weitere Pfändungs- und Überweisungsbeschlüsse zugestellt wurden) und eventuell bereits blockierte Gelder können sofort überwiesen werden.

Achtung: Das vorläufige Zahlungsverbot kann von Ihrem Unternehmen selbst, einem Inkassodienstleister oder einem Rechtsanwalt beauftragt werden. Dieses wird gerichtet an einen Gerichtsvollzieher Ihrer Wahl (sofern Sie ihn kennen, kann die Zustellung eventuell beschleunigt erfolgen) oder Sie adressieren ihn an die Gerichtsvollzieherverteilerstelle bei einem

Amtsgericht, damit von dort aus ein Gerichtsvollzieher beauftragt wird.

Wichtig zu wissen: Das vorläufige Zahlungsverbot kann durch jeden (!) Gerichtsvollzieher zugestellt werden. Es ist also weder die Gerichtsvollzieherverteilerstelle am örtlich zuständigen Amtsgericht noch der örtlich zuständige Gerichtsvollzieher nach dem Sitz oder Wohnort des Schuldners nötig.

Die Zustellung erfolgt auch hier zunächst an den Drittschuldner, anschließend an den Schuldner.

Ein Muster eines vorläufigen Zahlungsverbotes nebst Zustellungsbitte ist als Anlage beigefügt.

Achtung: Es muss zwingend ein Pfändungs- und Überweisungsbeschluss nachgereicht werden, da anderenfalls keine Überweisung gepfändeter Ansprüche erfolgen kann und wird. Erfolgt die **wirksame Zustellung** eines Pfändungs- und Überweisungsbeschlusses nicht **innerhalb von einem Monat ab dem Tag der Zustellung des vorläufigen Zahlungsverbotes**, verliert das vorläufige Zahlungsverbot seine Wirkung (vgl. hierzu auch § 845 ZPO Absatz 2).

§ 845 ZPO (Zivilprozessordnung)
Vorpfändung

(1) ¹*Schon vor der Pfändung kann der Gläubiger auf Grund eines vollstreckbaren Schuldtitels durch den Gerichtsvollzieher dem Drittschuldner und dem Schuldner die Benachrichtigung, dass die Pfändung bevorstehe, zustellen lassen mit der Aufforderung an den Drittschuldner, nicht an den Schuldner zu zahlen, und mit der Aufforderung an den Schuldner, sich jeder Verfügung über die Forderung, insbesondere ihrer Einziehung, zu enthalten.* ²*Der Gerichtsvollzieher hat die Benachrichtigung mit den Aufforderungen selbst anzufertigen, wenn er von dem Gläubiger hierzu ausdrücklich beauftragt worden ist.* ³*An Stelle einer an den Schuldner im Ausland zu bewirkenden Zustellung erfolgt die Zustellung durch Aufgabe zur Post, sofern die Zustellung weder nach der Verordnung (EG) Nr. 1393/2007 noch nach dem Abkommen zwischen der Europäischen Gemeinschaft und dem Königreich Dänemark über die Zustellung gerichtlicher und außergerichtlicher Schriftstücke in Zivil- und Handelssachen zu bewirken ist.*

(2) ¹*Die Benachrichtigung an den Drittschuldner hat die Wirkung eines Arrestes (§ 930), sofern die Pfändung der Forderung innerhalb eines Monats bewirkt wird.* ²*Die Frist beginnt mit dem Tag, an dem die Benachrichtigung zugestellt ist.*

Sehen Sie nachfolgend ein Muster eines vorläufigen Zahlungsverbotes:

Anschreiben an die Gerichtsvollzieherverteilungsstelle:

```
An die
Gerichtsvollzieherverteilungsstelle
(Adresse einfügen)



In der Zwangsvollstreckungssache

Gläubiger (Ihre Firma)

./. Schuldner (jeweils vollständige
Bezeichnung)


überreichen wir in der Anlage ein
vorläufiges Zahlungsverbot mit der
Bitte um Zustellung an


     a) Drittschuldner
```

b) Schuldner.

Wir bitten um baldmögliche Erledigung
und anschließende Rückgabe der mit
den Zustellungsbescheinigungen
versehenen Ausfertigung.

Mit freundlichen Grüßen
Ihre Firma

Auf der nächsten Seite beginnt dann das vorläufige Zahlungsverbot:

VORLÄUFIGES ZAHLUNGSVERBOT gem. § 845 ZPO

In der Zwangsvollstreckungssache

Gläubiger/in (vollständige Anschrift)
gegebenenfalls:
Prozessbevollmächtigte/r

g e g e n

Schuldner/in (vollständige Anschrift)

Nach dem Vollstreckungstitel
[Titelbezeichnung exakt angeben, z.B. Vollstreckungsbescheid vom xx mit Aktenzeichen xx]
stehen dem Gläubiger die gemäß nachstehender Berechnung aufgeführten Ansprüche zu:

[Nicht entstandene/zutreffende Positionen können natürlich in der folgenden Aufstellung weggelassen werden…]

- Hauptforderung EUR
- Zinsanspruch seit…. bis EUR
- vorgerichtliche Kosten Gläubiger EUR
- <u>Vorgerichtliche Rechtsanwaltskosten   EUR   </u>
- Kosten des gerichtlichen Verfahrens
- Rechtsanwaltskosten EUR
- Gerichtskosten EUR
- <u>Zinsanspruch seit…   EUR   </u>
- Kosten früherer Vollstreckungsmaßnahmen
- Rechtsanwaltskosten EUR
- Gerichtskosten EUR
- <u>Gerichtsvollzieherkosten EUR </u>
- <u>./. abzüglich geleistete Zahlungen   EUR   </u>
- **ergibt/Restforderung** <u>**EUR**   </u>
- zuzüglich fortlaufender Zinsen

Wegen dieser Beträge und der Kosten dieses Antrages steht die gerichtliche

P F Ä N D U N G

der angeblichen Ansprüche des Schuldners an

exakte und vollständige Bezeichnung
des Drittschuldners (kein Postfach!)

– Drittschuldner –

auf Zahlung von oder aus Anspruch
[hier den exakten Grund bzw. Anspruch
eintragen, der gepfändet wird –
dieser muss im späteren Pfändungs-
und Überweisungsbeschluss exakt
gleichlautend enthalten sein]

bevor.

Als Bevollmächtigte des Gläubigers
benachrichtigen wir hiermit
Drittschuldner und Schuldner gemäß §
845 ZPO von der bevorstehenden
Pfändung mit der Aufforderung an den
Drittschuldner, soweit die Forderung
pfändbar ist, nicht mehr an den
Schuldner zu leisten. Der Schuldner
hat sich jeglicher Verfügung über die
Forderung zu enthalten.
Diese Benachrichtigung hat die
Wirkung eines Arrestes (§§ 845, 930
ZPO). Nach Zustellung des
gerichtlichen Pfändungsbeschlusses
hat der Drittschuldner gemäß § 840
ZPO die Verpflichtung zur Erklärung,

- ob und inwieweit er die Forderung als begründet anerkennt und zur Zahlung bereit ist,
- ob und welche Ansprüche andere Personen an die Forderung stellen, und
- ob und wegen welcher Ansprüche die Forderung bereits für andere Gläubiger gepfändet ist.

Im Interesse einer vereinfachten Abwicklung bitten wir um Beantwortung dieser Fragen innerhalb 2 Wochen.

[falls Ihr Unternehmen bei dem vorläufigen Zahlungsverbot durch einen Rechtsanwalt vertreten wird, müssen die in obiger Forderungsaufstellung genannten Rechtsanwaltskosten für diese Maßnahme berechnet werden. Die Berechnung kann an dieser Stelle folgen.]

Zu vorstehend berechnetem Gesamtbetrag sind die vom Gerichtsvollzieher gesondert berechneten Zustellungskosten hinzuzusetzen.

Der Pfändungs- und Überweisungsbeschluss

Mit dem Pfändungs- und Überweisungsbeschluss (in der Fachsprache meistens abgekürzt mit PfÜb oder PFÜ) erteilen Sie ebenfalls einen Vollstreckungsauftrag, allerdings mit dem Unterschied, dass die Pfändungsmaßnahme einem Drittschuldner zugestellt wird, der nach Ihren Erkenntnissen Geldzahlungen an den Schuldner vornimmt oder vornehmen könnte und die nunmehr durch den Beschluss gepfändet und Ihrem Unternehmen zur Überweisung vorgemerkt werden.

Empfänger dieses Auftrages ist demnach nicht ein Gerichtsvollzieher.

Vielmehr stellen sie einen Antrag auf Erlass eines Pfändungs- und Überweisungsbeschlusses bei dem Amtsgericht, das für den Wohnsitz (bei einer Privatperson als Schuldner) oder dem Unternehmenssitz (bei einem Unternehmen als Schuldner) zuständig ist.

Ein Rechtspfleger des Vollstreckungsgerichtes prüft den Antrag, erlässt sodann den Pfändungs- und Überweisungsbeschluss und nimmt auf Antrag auch direkt die Zustellungen vor. Dies erfolgt dergestalt, dass die notwendigen Ausfertigungen an die örtlich zuständige Gerichtsvollzieherverteilerstelle gesandt werden; dort wird der zuständige Gerichtsvollzieher die Zustellung durchführen. Aus taktischen Gründen erfolgt in der Regel zunächst die Zustellung an den Drittschuldner, erst im Anschluss an den Schuldner, damit dieser nicht noch reagieren kann.

Ab dem Moment der Zustellung ist die Pfändung wirksam; damit ist es dem Drittschuldner untersagt, Leistungen (Zahlungen) an den Schuldner zu erbringen. Zudem beginnt die Frist für die Erteilung der sogenannten Drittschuldnererklärung, die Ihnen übermittelt werden muss.

Achtung: Leistet der Drittschuldner nach der Zustellung dennoch an den Schuldner und erhalten Sie hierüber Kenntnis, wird er durch die Zahlung nicht von seiner Schuld befreit und muss ein zweites Mal an Ihr Unternehmen leisten.

Wir raten, zur Vermeidung von falschen oder unvollständigen Anträgen, die offiziellen Formulare zu verwenden, die Sie im Internet herunterladen können (z.B. über die Website des DGVB – Deutscher Gerichtsvollzieher Bund e.V. – Internet: www.dgvb.de/vordrucke). Aus Aktualitätsgründen haben wir auf den Abdruck dieser Formulare verzichtet und verweisen auf die Downloadmöglichkeit; so ist gewährleistet, dass Sie stets die aktuellsten Formulare verwenden.

Tipp: Sofern Sie das zuständige Gericht nicht kennen ist es im Internet schnell und einfach möglich, dieses anhand des Wohnortes / Sitzes Ihres Schuldners ausfindig zu machen. Es gibt einige Register, die nach einer Eingabe in Suchmaschinen angezeigt werden. Auch das Justizportal des Bundes und der Länder verfügt über ein Orts-/Gerichtsverzeichnis (www.justiz.de).

Drittschuldner & Drittschuldner-Erklärung

Als Drittschuldner wird diejenige Person bzw. dasjenige Unternehmen bezeichnet, dem ein vorläufiges Zahlungsverbot und/oder ein Pfändungs- und Überweisungsbeschluss zugestellt wird.

Der Drittschuldner schuldet damit dem Gläubiger, der die Pfändung platziert hat, die entsprechende Leistung. Dies hat selbstverständlich keine negative Auswirkung, insbesondere nicht in Auskunfteien oder ähnlichen Datenbanken. Der Begriff Drittschuldner gibt nur die Position in dem Zwangsvollstreckungskonstrukt wider und sagt nichts über Schulden oder nicht eingehaltene Vereinbarungen aus.

Die Pfändung selbst wird immer wirksam mit der Zustellung des Beschlusses. Innerhalb von zwei Wochen auf dem Tag der Zustellung muss der Drittschuldner dem Gläubiger eine sogenannte Drittschuldnererklärung übermitteln, in der mitgeteilt wird, ob die Forderung anerkannt wird oder nicht bzw. wie die Erfolgsaussichten einzustufen sind. Hierfür kann entweder eine Vorlage verwendet werden oder die Auskunft kann formlos erteilt werden, hierbei ist inhaltlich jedoch auf die vollständige Angabe aller Informationen zu achten (vgl. hierzu auch § 840 ZPO).

Alternativ könnten diese Angaben anstelle einer separat an den Gläubiger zu versendenden Drittschuldnererklärung auch direkt bei der Zustellung gegenüber dem Gerichtsvollzieher erteilt werden; in diesem Fall werden sie in die Zustellungsurkunde aufgenommen.

Sehen Sie nachfolgend ein Muster einer Drittschuldnererklärung (dieses Muster nimmt an, dass es sich bei dem Drittschuldner um den Arbeitgeber handelt):

Drittschuldnererklärung gem. § 840 ZPO

```
Wir bestätigen die Zustellung des
Pfändungs- und
Überweisungsbeschlusses vom ... in
Sachen ... gegen ... am ...

Gemäß § 840 ZPO beantworten wir die
Fragen wie folgt:

   1. Wir erkennen die gepfändete
      Forderung an. Wir behalten uns
      jedoch vor, sämtliche
      Einwendungen und Einreden zu
      erheben, soweit diese noch
      entstehen werden. Zahlungen
      werden geleistet, soweit die
      Pfändbarkeit reicht und soweit
      nicht Rechte Dritter vorgehen.
```

2. Abtretungen liegen nicht vor

   oder

   der Schuldner hat von seinem pfändbaren Arbeitseinkommen am ... EUR ... monatlich an .... abgetreten. Nach Angabe des Gläubigers sind diese Ansprüche abgetreten wegen ....

3. Es liegen keine Vorpfändungen vor

   oder

   das Arbeitseinkommen des Schuldners ist wegen der nachfolgenden Forderungen nebst Zinsen und Kosten vorgepfändet:

   1. ...
   2. ...

4. Wir überweisen den jeweils pfändbaren Betrag, z.Z. EUR ... bis zum ... eines jeden Monats

oder

wegen der bestehenden
Vorausabtretungen und
Vorpfändungen ist z.Z. mit der
Zahlung eines pfändbaren
Betrags nicht zu rechnen. Sie
erhalten zu gegebener Zeit
Nachricht bzw. Zahlung.

Voraussetzungen der Zwangsvollstreckung

Der Vollstreckungstitel

Ohne einen sogenannten Vollstreckungstitel kann keine Zwangsvollstreckungsmaßnahme beauftragt werden. Nachdem diese Maßnahmen teils gravierende Einschnitte in die Privatsphäre des Schuldners haben ist es verständlich, dass der Anspruch (die Forderung Ihres Unternehmens) auch rechtskräftig festgestellt worden ist.

Vollstreckungstitel können unter anderem sein (weitere Informationen in § 794 ZPO):

- Gerichtsurteile (in der Regel Endurteile oder gerichtlich geschlossene Vergleiche), die vollstreckungsreif und – fähig sind. Die Urteile müssen also rechtskräftig sein oder für „vorläufig vollstreckbar" erklärt worden sein.

- Kostenfestsetzungsbeschlüsse

- Vollstreckungsbescheide

- Europäische Zahlungsbefehle mit Erklärung der Vollstreckbarkeit

- Notarielle Schuldanerkenntnisse

Als Titel kann auch ein Auszug aus der Insolvenztabelle dienen, oder im Fall einer Unterhaltsverpflichtung eine Urkunde des zuständigen Amtes, sofern sich der Unterhaltspflichtige der sofortigen Zwangsvollstreckung unterworfen hat (dies erfolgt durch dementsprechende Erklärung in der Urkunde).

Sofern Sie für Ihr Unternehmen einen Mahnbescheid beantragen (oder über Dienstleister beantragen lassen) um in der Folge einen Vollstreckungsbescheid als Basis weiterer Maßnahmen zu erhalten, besteht grundsätzlich das Risiko, dass Ihr Schuldner gegen den Antrag auf Erlass eines Mahnbescheides Widerspruch bzw. gegen den Vollstreckungsbescheid Einspruch einlegt. Nachdem der Widerspruch nicht einmal eine Begründung enthalten muss, wird dies von Schuldnern auch immer wieder gerne zum Zeitgewinn (auch wenn die Zeit teuer erkauft wird…) genutzt. Prüfen Sie daher genau: Hat Ihr Schuldner die Forderung schriftlich anerkannt? Liegt Ihnen ein Dokument oder eine Urkunde vor, in der Ihr Schuldner die Forderung anerkannt hat? Hierbei kann es sich um eine Notarurkunde aber auch um eine Zahlungsvereinbarung zwischen Ihrem Unternehmen und dem Schuldner handeln, in der er die Forderung anerkannt hat. Dann beantragen Sie bzw. lassen Sie unbedingt einen sogenannten **Urkunden-Mahnbescheid** beantragen. Welche Voraussetzungen hierfür gibt es? Der Antrag muss als Urkunden-Mahnbescheid gekennzeichnet sein. Die Urkunde ist im Original oder Abschrift beizufügen.

Was ist der Vorteil? Bei einem Widerspruch des Schuldners wird der Vorgang nicht in das ordentliche Verfahren überführt, sondern es wird ein Urkundenprozess anhängig.

Dies hindert den Schuldner daran, Einwendungen zu erheben, die er nicht selbst durch Urkunden nachweisen kann! Diese Verfahrensart führt daher in aller Regel für Gläubiger zu einer **schnelleren Titulierung der Forderung** mit der Folge, dass auch eine Zwangsvollstreckung schneller gestartet werden kann.

Die Vollstreckungsklausel

Auf einigen Titeln (z.B. auf Urteilen oder notariellen Schuldanerkenntnissen) ist eine sogenannte Vollstreckungsklausel notwendig, um hieraus die Zwangsvollstreckung zu betreiben. Die Klausel ist meist durch Aufdruck „vollstreckbare Ausfertigung" oder „vollstreckbare Ausfertigung zum Zwecke der Zwangsvollstreckung erteilt" erkennbar.

Ein Vollstreckungsbescheid, der naturgemäß ausschließlich Sinn in der zwangsweisen Durchsetzung und Sicherung der gegenständlichen Forderung hat, benötigt keine derartige Klausel.

§ 724 ZPO (Zivilprozessordnung)
Vollstreckbare Ausfertigung

(1) Die Zwangsvollstreckung wird auf Grund einer mit der Vollstreckungsklausel versehenen Ausfertigung des Urteils (vollstreckbare Ausfertigung) durchgeführt.

(2) Die vollstreckbare Ausfertigung wird von dem Urkundsbeamten der Geschäftsstelle des Gerichts des ersten Rechtszuges und, wenn der Rechtsstreit bei einem höheren Gericht anhängig ist, von dem Urkundsbeamten der Geschäftsstelle dieses Gerichts erteilt.

Zustellung

Jedem Schuldner muss der Vollstreckungstitel vor oder spätestens mit der Zwangsvollstreckungshandlung zugestellt werden.

Zugestellt wird hier keine Originalurkunde, vielmehr eine Abschrift oder beglaubigte Abschrift. Gerichtliche Vergleiche oder notarielle Schuldanerkenntnisse, einstweilige Verfügungen oder Arrestbefehle wird in aller Regel der Gerichtsvollzieher bei Beginn seiner Vollstreckungshandlung zustellen.

Ein Vollstreckungsbescheid wird beispielsweise direkt im Rahmen des gerichtlichen Mahnverfahrens dem Schuldner zugestellt (mittels Postzustellungsurkunde).

Sicherheitsleistung

Muss zur Durchführung der Zwangsvollstreckung eine Sicherheitsleistung durch den Gläubiger erbracht werden, muss der Nachweis zur Verfügung gestellt werden um mit Zwangsvollstreckungsmaßnahmen starten zu können. Eine Sicherheitsleistung ist meist nur notwendig, sofern aus vorläufig vollstreckbaren Titeln oder aus einem Arrestbefehl heraus die Zwangsvollstreckung betrieben werden soll.

Der Nachweis muss dem Vollstreckungsorgan, also dem Vollstreckungsgericht (bei Antrag auf Erlass eines Pfändungs- und Überweisungsbeschlusses) oder dem Gerichtsvollzieher (bei Zwangsvollstreckungsauftrag) mittels öffentlicher oder öffentlich beglaubigter Urkunde nachgewiesen werden. Die Sicherheitsleistung kann durch Hinterlegung von Bargeld, Wertpapieren oder durch Erbringen einer Bankbürgschaft erfolgen. Bargeld wird hierbei beim Amtsgericht hinterlegt und durch eine Quittung der Hinterlegungskasse belegt. Die Vorlage eines Überweisungsnachweises auf das Konto der Hinterlegungskasse ist nicht ausreichend.

Im Alltag üblich ist zudem die Beibringung einer Bankbürgschaft um kein liquides Kapital binden zu müssen.

Kosten & Gebühren

Welche Kosten entstehen durch die Titulierung und Zwangsvollstreckung?

In den einzelnen Prozess-Schritten entstehen Kosten, die Ihr Unternehmen als Gläubiger zunächst verauslagen muss. Aus dem Gesichtspunkt des Schadenersatzes (es handelt sich immerhin um einen Verzugsschaden) werden diese Kosten allerdings dem Schuldner zusätzlich zu der ursprünglichen Forderung und eventuell bereits vorgerichtlich entstandener Kosten und Zinsen aufgegeben. Im positiven Fall werden alle Kosten somit durch den Schuldner ersetzt.

Grundsätzlich richten sich die Kosten nach der Forderungshöhe – je höher die Forderung, desto höher die Kosten (Ausnahme: Gerichtskosten für Pfändungs- und Überweisungsbeschluss). Im Einzelnen:

Titulierung

Es entstehen Gerichtskosten für Mahn-/Vollstreckungsbescheid oder Klageverfahren. Sofern Ihr Unternehmen sich von einem Dienstleister vertreten lässt, entstehen zusätzliche Gebühren.

Im Fall eines notariellen Schuldanerkenntnisses entstehen anstelle der Gerichtskosten Kosten des Notars sowie Kosten der Zustellung.

Zwangsvollstreckung

In der sich anschließenden Zwangsvollstreckung entstehen Kosten für den beauftragten Gerichtsvollzieher.

Im Fall des Antrages auf Erlass eines Pfändungs- und Überweisungsbeschlusses entstehen Gerichtskosten für die Bearbeitung des Antrages sowie Zustellungskosten durch den Gerichtsvollzieher.

Bei jeder Zwangsvollstreckungsmaßnahme entstehen Gebühren von Dienstleistern, sofern diese in Ihrem Auftrag arbeiten.

Gerichtsvollzieherkosten:

Die Kosten der Gerichtsvollzieher sind hierbei gesetzlich geregelt im Gerichtsvollzieherkostengesetz (GvKostG). Dennoch lassen sich diese Kosten nicht immer exakt vorhersagen, da bei der Berechnung auch variable Kosten entstehen, zum Beispiel Fahrtkosten.

Gerichtskosten:

Gerichtskosten sind ebenfalls gesetzlich geregelt im Gerichtskostengesetz (GKG). Bei dem Verfahren auf

Erlass eines Mahnbescheides und in Folge eines Vollstreckungsbescheides oder in Klageverfahren ist die Forderungshöhe ausschlaggebend. Bei dem Antrag auf Erlass eines Pfändungs- und Überweisungsbeschlusses ist die Anzahl der Schuldner ausschlaggebend: Richtet sich ein Verfahren gegen mehrere Schuldner, wird die Gebühr für jeden Schuldner gesondert erhoben.

Notarkosten:

Notarkosten (z.B. bei Anfertigung eines notariellen Schuldanerkenntnisses als Vollstreckungstitel) sind ebenfalls gesetzlich geregelt im sogenannten Gerichts- und Notarkostengesetz (GNotKG).

Rechtsanwaltsgebühren:

Auch die Berechnung von Rechtsanwaltskosten ist gesetzlich in dem Rechtsanwaltsvergütungsgesetz (RVG) geregelt.

Kosten Inkassodienstleister:

Inkassodienstleister kalkulieren ihre Kosten selbst, richten sich bei seriöser Arbeitsweise jedoch am RVG. Inkassodienstleister sind angehalten, Inkassokosten auf einen Betrag zu begrenzen, den bei gleicher Tätigkeit auch ein Rechtsanwalt berechnet hätte.

Für einen groben Überblick können Kosten vorab im Internet über entsprechende online-Rechner kalkuliert werden.

Besonderheiten & Tricks

Zwangsvollstreckung als Schutz vor Rückforderungen im Rahmen einer Insolvenzanfechtung?

Unter Umständen sind erhaltene Geldbeträge, die ein Gerichtsvollzieher vor Ort im Rahmen einer unangekündigten Pfändungsmaßnahme gegen den Willen des Schuldners pfändet und Ihnen als Gläubiger abzüglich der Kosten überweist, vor einer späteren Anfechtung im Fall eines Insolvenzverfahrens über das Vermögens des Schuldner geschützt.

Der Umstand, dass dem Schuldner ohne Absprache und gegen seinen Willen (er hatte somit keinerlei Entscheidungsgewalt, ob er den Geldbetrag an den Gerichtsvollzieher zahlt oder nicht) diese Geldmittel weggenommen wurden, kann im Falle einer Insolvenzanfechtung dazu führen, dass keine Rückzahlung zu Gunsten der Insolvenzmasse erfolgen muss.

Es kommt jedoch auf die Umstände im Einzelfall an. Wir empfehlen im Fall einer Anfechtung von Geldern, die Sie durch eine Pfändungsmaßnahme erhalten haben, im Einzelfall rechtlichen Rat einzuholen.

Geschäft des täglichen Lebens...

Der Schuldner Ihres Unternehmens kann nicht zahlen. Bei dem Sachverhalt, der Ihrer Forderung zugrunde liegt, handelt es sich um ein sogenanntes Geschäft des täglichen Lebens? Ihr Schuldner ist verheiratet (diese Information kann der Vermögensauskunft, offiziellen Datenquellen oder Recherchen über zuständige Ämter entnommen werden)?

Dann habt Ihr Unternehmen gute Chancen, die Forderung bei dem Ehepartner zu realisieren!

Wie? Bei allen Handlungen, die eine Person zur angemessenen Deckung des Lebensbedarfs und der persönlichen Bedürfnisse der Familie (also für den gemeinsamen Haushalt) vornimmt, werden auch Ehegatten verpflichtet (und berechtigt) mit Ausnahme, dass aufgrund besonderer Umstände eine Ausnahme vorliegt, beispielsweise entstehen Kosten, die den angemessenen Lebensbedarf der Familie übersteigen. Es ist daher grundsätzlich eine Einzelfallbetrachtung unter Berücksichtigung der finanziellen Familiensituation sinnvoll – lohnenswert ist diese Prüfung auf jeden Fall.

Was können Geschäfte des täglichen Lebens sein?

(Beispiele ohne Gewähr – es ist stets eine Einzelfallbetrachtung notwendig)

- Abschluss eines Telefon-Festnetzvertrages

- Abschluss eines Mobil-Telefonvertrages

- Einkauf im Supermarkt (Forderung aus späterer Rücklastschrift der Kartenzahlung)

- Einkauf von (alltäglicher) Kleidung (Forderung aus späterer Rücklastschrift der Kartenzahlung oder offene Rechnung aufgrund online-Bestellung)

- Buchen von Reisen (Extrem-Reisen sind sicherlich ausgenommen)

- Abschluss von Behandlungsverträgen mit Ärzten, Heilpraktikern, Physiotherapeuten, Ergotherapeuten, Podologen, Kosmetikern, etc.

- Kredit-/Finanzierungsverträge im Rahmen der Finanzierung des Lebensbedarfs

- Einkauf von Treibstoff für das KFZ (Forderung aus späterer Rücklastschrift der Kartenzahlung)

- Werkstattauftrag im Zusammenhang mit dem KFZ (z.B. Inspektion, Reifenwechsel Sommer/Winter)

- Handwerker-Aufträge (z.B. Reparatur an der Hausinstallation, Wartung der Heizung, etc.)

- Rechnung des Schornsteinfegers (Reinigungs-/Überprüfungsarbeiten, Feuerstättenschau)

- Abschluss einer Familien-Haftpflichtversicherung

- Abschluss diverser Versicherungsverträge

- Auftrag an einen Hausmeisterservice (z.B. Gehwegreinigung, Rasenmähen, etc.)

- Online-Bestellungen von Waren, die dem Lebensbedarf der Familie zu Gute kommen

- Honorar eines Rechtsanwaltes oder Steuerberaters beispielsweise bei einer Beratung zu einer Frage, die die Familie bzw. beide Ehepartner involviert hat

- Etc.

Gibt es hierzu auch gesetzliche Regelungen?

Ja, entsprechende Regelungen sind in dem § 1357 BGB (Bürgerliches Gesetzbuch) enthalten:

§ 1357 BGB (Bürgerliches Gesetzbuch)
Geschäfte zur Deckung des Lebensbedarfs

(1) ¹Jeder Ehegatte ist berechtigt, Geschäfte zur angemessenen Deckung des Lebensbedarfs der Familie mit Wirkung auch für den anderen Ehegatten zu besorgen. ²Durch solche Geschäfte werden beide Ehegatten berechtigt und verpflichtet, es sei denn, dass sich aus den Umständen etwas anderes ergibt.
(2) ¹Ein Ehegatte kann die Berechtigung des anderen Ehegatten, Geschäfte mit Wirkung für ihn zu besorgen, beschränken oder ausschließen; besteht für die Beschränkung oder Ausschließung kein ausreichender Grund, so hat das Familiengericht sie auf Antrag aufzuheben. ²Dritten gegenüber wirkt die Beschränkung oder Ausschließung nur nach Maßgabe des § 1412.
(3) Absatz 1 gilt nicht, wenn die Ehegatten getrennt leben.

§ 1412 BGB (Bürgerliches Gesetzbuch)
Wirkung gegenüber Dritten

(1) Haben die Ehegatten den gesetzlichen Güterstand ausgeschlossen oder geändert, so können sie hieraus einem Dritten gegenüber Einwendungen gegen ein Rechtsgeschäft, das zwischen einem von ihnen und dem Dritten vorgenommen worden ist, nur herleiten, wenn der Ehevertrag im Güterrechtsregister des zuständigen Amtsgerichts eingetragen oder dem Dritten bekannt war, als das Rechtsgeschäft vorgenommen wurde; Einwendungen gegen ein rechtskräftiges Urteil, das zwischen einem der Ehegatten und dem Dritten ergangen ist, sind nur zulässig, wenn der Ehevertrag eingetragen oder dem Dritten bekannt war, als der Rechtsstreit anhängig wurde.

(2) Das Gleiche gilt, wenn die Ehegatten eine im Güterrechtsregister eingetragene Regelung der güterrechtlichen Verhältnisse durch Ehevertrag aufheben oder ändern.

Unerlaubte Handlung

Im Forderungsmanagement versteht man unter dem Begriff der vorsätzlich unerlaubten Handlung eine Handlung des Schuldners, die rechtswidrig erfolgte und den Gläubiger vorsätzlich benachteiligt (sogenannter Schädigungsvorsatz). Solche Forderungen werden oftmals auch als deliktische Forderungen im Sprachgebrauch bezeichnet, sofern die Grundlage der Forderung beispielsweise auf eine Betrugshandlung oder eine Körperverletzung o.ä. zurückzuführen ist.

Warum ist es wichtig, sofern die Voraussetzungen vorliegen, eine Forderung als Forderung aus unerlaubter Handlung zu titulieren? Ihr Unternehmen hat dann für den Fall einer Insolvenz gegenüber weiteren Gläubigern einen Vorteil: Sofern die Forderung auch aus diesem Rechtsgrund zur Insolvenztabelle angemeldet wird, erfolgt keine Regulierung im sich anschließenden Restschuldbefreiungsverfahren (Details hierzu finden Sie auch in dem Modul „Insolvenz des Kunden"). Die Forderung bleibt somit bestehen, die übrige finanzielle Situation konnte durch das Restschuldbefreiungsverfahren geordnet werden und die Change, nun Zahlungen realisieren zu können, steigt deutlich.

Ist dieser Tatbestand bei der Titulierung bereits festgestellt worden, dürfte es dem Schuldner kaum gelingen, sich gegen die Anmeldung im Insolvenzverfahren aus diesem Rechtsgrund erfolgreich zur Wehr zu setzen.

Sofern Anhaltspunkte bestehen, es könne sich bei der Forderung um eine vorsätzlich begangene unerlaubte Handlung des Schuldners handeln, ist diese Vorgehensweise zu empfehlen.

Minderjährige Schuldner

Eltern können für ihre minderjährigen Kinder die Vermögensauskunft abgeben. Dies hat Folgen für die Jugendlichen bereits beim Start in das Erwachsenenalter und das Berufsleben. Ein Handy ist kaum zu bekommen, eine eigene Wohnung wird schwer, die Finanzierung des ersten Autos nahezu unmöglich! Die immer wieder zitierte Spirale hat begonnen und leider viel zu oft lebt der junge Erwachsene (teilweise notgedrungen) das Leben der Eltern nach… . ABER: Genau aus diesen Gründen hat Ihr Unternehmen dann auch gute Argumente um beispielsweise eine Ratenzahlung zu vereinbaren.

Eine Voraussetzung, Pfändungsmaßnahmen oder den Antrag auf Abnahme der Vermögensauskunft stellen zu können, ist auch hier ein Titel, der den gesetzlichen Vertretern des Minderjährigen zugestellt worden ist. Wurde der Titel den gesetzlichen Vertretern noch nicht zugestellt und stellt der Gerichtsvollzieher dies im Rahmen seiner Auftragsbearbeitung fest, muss er dem Gläubiger, also Ihrem Unternehmen, die Möglichkeit geben, den/die gesetzlichen Vertreter zu ermitteln und die Zustellung zu beauftragen. Er darf den Auftrag bzw. die Zustellung nicht endgültig verweigern.

Es ist somit nicht unmöglich, auch Forderungen – zumindest langfristig – gegen minderjährige Schuldner durchsetzen zu können. Die Verjährung ist nach Titulierung erstmal kein Thema mehr und der Start ins eigene Berufsleben ermöglicht oftmals die – wenn auch ratenweise – Tilgung der Schulden!

Achten Sie darauf, dass Sie jedoch in bestimmten Abständen tätig werden müssen um Rechte aus dem Titel nicht zu verwirken (siehe auch unser Kapitel: Verjährung in 30 Jahren! Ist das die ganze Wahrheit?).

Zwangsvollstreckungsmaßnahmen gegen eine GBR

Wir möchten an dieser Stelle auf die Rechtsform einer GBR (Gesellschaft bürgerlichen Rechts) im Rahmen der Zwangsvollstreckung eingehen.

Tritt eine GBR im Außenverhältnis als GBR auf, ist diese grundsätzlich auch rechts- und parteifähig. Dies hat zur Folge, dass die GBR auch als Schuldner verklagt werden kann.

Gesellschafter einer GBR haftet für Verbindlichkeiten der Gesellschaft jeweils vollumfänglich mit ihrem Privatvermögen. Dies scheint auf den ersten Blick sehr positiv zu sein, da bei mehreren (mindestens zwei) natürlichen Personen eine Realisierung möglich sein müsste. Richtig, aber der Vollstreckungstitel muss richtig beantragt werden!

Richten Sie einen Mahnbescheid gegen die GBR, wird auch der Vollstreckungsbescheid mit dem Schuldner GBR erlassen. Gleiches gilt im Fall eines Klageverfahrens, sofern Partei auf der Schuldnerseite die GBR ist.

Mit einem Vollstreckungstitel, der die GBR als Schuldner ausweist, können Sie nun zwar in das Gesellschaftsvermögen der GBR pfänden, nicht jedoch in das jeweilige Privatvermögen der Gesellschafter.

Es ist daher absolut ratsam, die Titulierung zugleich (im gleichen Verfahren) auch gegen die Gesellschafter als Gesamtschuldner vorzunehmen.

Merke: Mit einem Vollstreckungstitel gegen die GBR kann nicht in das Privatvermögen der Gesellschafter vollstreckt werden!

Eine Umschreibung des Titels ist ebenfalls nicht möglich!

Einzige sinnvolle Lösung ist daher, wie beschrieben, in einem Verfahren auch die Gesellschafter mit aufzunehmen und die Forderung gegen alle Beteiligten als sogenannter Gesamtschuldner zu verfolgen. Es steht Ihnen hierbei frei, ob Sie die Forderung gegen die GBR und die Gesellschafter in einem Verfahren oder gegen die Gesellschafter separat titulieren lassen. Aus Kosten- und Zeitgründen empfiehlt sich vermutlich ein kombiniertes Verfahren.

Mit einem solchen Vollstreckungstitel ist sodann auch die Vollstreckung im Rahmen von Verbindlichkeiten der Gesellschaft in das Privatvermögen der Gesellschafter möglich!

Achtung: Auf der anderen Seite ist ein Vollstreckungstitel, der nur gegen z.B. einen Gesellschafter der GBR erlassen wurde, nicht geeignet, um in das Gesellschaftsvermögen zu pfänden. Dies ist nicht möglich. Es müssen alle Gesellschafter in dem Vollstreckungstitel aufgeführt sein – egal ist es hierbei, ob alle Gesellschafter in einem Titel (der übliche Weg) genannt sind oder theoretisch gegen jeden Gesellschafter ein einzelner Titel zur selben Schuld existiert.

Entsprechende gesetzliche Regelungen hierzu finden sich in § 736 ZPO:

§ 736 ZPO (Zivilprozessordnung)
Zwangsvollstreckung gegen BGB-Gesellschaft

Zur Zwangsvollstreckung in das Gesellschaftsvermögen einer nach § 705 des Bürgerlichen Gesetzbuchs eingegangenen Gesellschaft ist ein gegen alle Gesellschafter ergangenes Urteil erforderlich.

Ein Vollstreckungstitel muss vielmehr alle Gesellschafter enthalten, die zum Zeitpunkt der Titulierung Gesellschafter der GBR sind.

Ebenfalls wichtig: Tritt ein neuer Gesellschafter in die GBR ein (unabhängig davon, ob dafür ein anderer Gesellschafter ausscheidet oder nicht), haftet dieser für die bereits titulierten Verbindlichkeiten der GBR ebenfalls mit seinem Privatvermögen mit – siehe hierzu auch die Regelungen des § 130 HGB:

§ 130 HGB (Handelsgesetzbuch)

(1) Wer in eine bestehende Gesellschaft eintritt, haftet gleich den anderen Gesellschaftern nach Maßgabe der §§ 128 und 129 für die vor seinem Eintritte begründeten Verbindlichkeiten der Gesellschaft, ohne Unterschied, ob die Firma eine Änderung erleidet oder nicht.

(2) Eine entgegenstehende Vereinbarung ist Dritten gegenüber unwirksam.

Es ist lediglich eine Titelumschreibung notwendig – vgl. § 727 ZPO:

§ 727 ZPO (Zivilprozessordnung)
Vollstreckbare Ausfertigung für und gegen Rechtsnachfolger

(1) Eine vollstreckbare Ausfertigung kann für den Rechtsnachfolger des in dem Urteil bezeichneten Gläubigers sowie gegen denjenigen Rechtsnachfolger

des in dem Urteil bezeichneten Schuldners und denjenigen Besitzer der in Streit befangenen Sache, gegen die das Urteil nach § 325 wirksam ist, erteilt werden, sofern die Rechtsnachfolge oder das Besitzverhältnis bei dem Gericht offenkundig ist oder durch öffentliche oder öffentlich beglaubigte Urkunden nachgewiesen wird.

(2) Ist die Rechtsnachfolge oder das Besitzverhältnis bei dem Gericht offenkundig, so ist dies in der Vollstreckungsklausel zu erwähnen.

Blicken wir abschließend noch kurz auf die Notwendigkeit der Datenqualität und Datenaktualität in Ihrem Unternehmen:

Eine GBR wird in Deutschland nicht in einem Register (beispielsweise wie eine GmbH) gelistet. Dies erschwert gegebenenfalls Recherchen vor der Titulierung zu der korrekten Firmierung und den Gesellschaftern. Diese Informationen können über das Einwohner- bzw. Gewerbeamt der jeweiligen Stadt oder Gemeinde erfragt werden.

Wichtig ist daher, dass Ihr Unternehmen bereits bei der Kundenanlage bzw. Auftragserfassung auf eine korrekte Bezeichnung der GBR, der Angabe des Sitzes und bestenfalls der Gesellschafter achtet.

Die üblichsten Zwangsvollstreckungsvorgänge

Auf den folgenden Seiten haben wir für Sie mögliche Auftragsarten einer Zwangsvollstreckung – sowohl mittels Zwangsvollstreckungsauftrag als auch über einen Antrag auf Erlass eines Pfändungs- und Überweisungsbeschlusses – zusammengestellt.

Diese Aufstellung ist nicht nach bestimmten Kriterien oder Erfolgsquoten sortiert und stellt keine vollständige Aufzählung dar. Sie soll vielmehr einen ersten Eindruck der Vorgehensweisen und Möglichkeiten im Rahmen der Zwangsvollstreckung geben.

Pfändung von Arbeitseinkommen

Gepfändet werden kann die Entgeltforderung gegen den Arbeitgeber des Schuldners. Hierfür muss dem Arbeitgeber ein sogenannter Pfändungs- und Überweisungsbeschluss über den Gerichtsvollzieher zugestellt werden. Nach der Zustellung muss der Arbeitgeber (dieser wird in der Vollstreckungshandlung sodann auch Drittschuldner genannt) innerhalb von 14 Tagen eine Drittschuldnererklärung abgeben. In dieser Erklärung muss wahrheitsgemäß angegeben werden, ob die Pfändung anerkannt wird, ob Vorpfändungen oder Rechte anderer Dritter bestehen und ob sich ein pfändbarer Betrag ergibt. Ist dies der Fall, muss der Arbeitgeber den pfändbaren Betrag an den Gläubiger überweisen und das restliche Entgelt an seinen Arbeitnehmer. Dies erfolgt solange, bis die Forderung getilgt ist. Der Gläubiger, also in diesem Fall Ihr Unternehmen, muss daher rechtzeitig den Drittschuldner über einen Restbetrag informieren, der mit der letzten Monatszahlung zum Ausgleich der Gesamtforderung noch zu leisten ist. Wie hoch bei der Berechnung des pfändbaren Anteiles unterhaltsberechtigte Personen bzw. auch der grundsätzliche Pfändungsfreibetrag (der dem Schuldner immer verbleiben muss) ausfallen kann anhand einer Tabelle errechnet werden, die regelmäßig aktualisiert wird. Diese Tabelle ist

Rechtsanwälten oder Inkassodienstleistern bekannt; Sie können diese auch im Internet über Suchmaschinen finden (Suchbegriffe z.B. Pfändungsfreibetrag, Anrechnung von unterhaltsberechtigten Personen, etc.).

Achtung: Wird ein Arbeitgeber bekannt, lohnt es sich, schnell zu sein! Warum? Weil die Abführung eines pfändbaren Betrages für den Fall, dass mehrere Pfändungen bei dem Arbeitgeber eintreffen, in der Reihenfolge erfolgt, in der die Maßnahmen zugestellt wurden. Dies bedeutet also, dass bei beispielsweise drei Gläubigern, die in das Arbeitseinkommen pfänden, nicht jeder 1/3 des pfändbaren Betrages gleichzeitig erhalten. Vielmehr werden erst die Forderungen des Gläubigers komplett beglichen, der als erstes die Zustellung bewirkt hat, dann diejenige Forderung des zweiten Gläubigers, etc. Dieses Vorgehen wird als Prioritätsprinzip bezeichnet und findet sich auch im § 804 Abs. 3 ZPO.

Kosten des Arbeitgebers im Zusammenhang mit der Pfändungsmaßnahme sind stets durch den Arbeitnehmer, also den Schuldner, zu tragen.

Gibt es unabhängig eines pfändbaren Betrages auch Bezüge, die allgemein nicht gepfändet werden können, also unpfändbar sind? Ja, auch diese sind gesetzlich geregelt (§ 850 ZPO):

- Urlaubsgeld
- Urlaubsabgeltungsanspruch
- Aufwandsentschädigungen
- Zulagen
- Auslösungsgelder
- Weihnachtsvergütungen (bis zu 50% des regulären monatlichen Bezuges, max. aber bis zu EUR 500,00) – Anmerkung: Ein 13. Monatsgehalt wird als Weihnachtsvergütung gewertet
- Heirats- und Geburtsbeihilfen
- Erziehungsgelder
- Studienbeihilfen
- Sterbebezüge / Gnadenbezüge
- Blindenzulagen
- 50% der Mehrarbeitsvergütung (Überstunden)
- Renten *
- Unterhaltsrenten *

- Einkünfte aus Stiftungen *

- Leistungen, die zu Unterstützungszwecken geleistet werden (z.B. aus Witwen-, Waisen- oder Krankenkassen) *

*) Diese Positionen könnten dann gepfändet werden, sofern aus Vollstreckungshandlungen in das sonstige Vermögen des Gläubigers keine Tilgung erfolgen kann. Hierfür wäre aber eine gerichtliche Entscheidung notwendig und die Pfändung müsste der sogenannten Billigkeit entsprechen. In der Praxis wird eine gerichtliche Entscheidung, diese Positionen pfänden zu können, daher sehr selten vorkommen.

Pfändung von Vermögenswirksamen Leistungen

Nachdem der Anspruch auf vermögenswirksame Leistungen nicht übertragbar ist (§ 2 Abs. 7 Satz 2 5. VermBG) kann er gemäß § 851 ZPO auch nicht gepfändet werden.

Eine eventuelle Arbeitnehmersparzulage stellt eine staatliche Leistung und Förderung der vom Arbeitgeber und Arbeitnehmer angesparten vermögenswirksamen Leistungen dar und ist ebenfalls nicht übertragbar und damit auch nicht pfändbar.

Eine Ausnahme ist dann möglich, sofern Teile des Arbeitslohnes, für die ein Antrag auf vermögenswirksame Anlage gestellt ist, die maximale Fördersumme (aktuell EUR 870,00) überschreiten und nach hiesiger Meinung der Antrag auf vermögenswirksame Anlage nicht vor dem Pfändungsbeschluss gestellt und nicht vorher vom Arbeitgeber angenommen wurde. Andersherum: Übersteigt diese Anlage die maximale Fördersumme ist dieser übersteigende Betrag pfändbar, sofern der Antrag auch nach der Pfändungszustellung gestellt wurde.

Pfändung von Guthaben aus Girokonten, Depot, Wertpapieren, Bargeld

Die Pfändung von Bargeld ist bei einem Zwangsvollstreckungsauftrag an den Gerichtsvollzieher üblicherweise immer enthalten und jeder Gerichtsvollzieher wird seine Vollstreckungshandlung vor Ort beim Schuldner damit beginnen, diesen nach Bargeld bzw. einer Möglichkeit, die Forderung zu bezahlen, fragen. Kann der Schuldner die Forderung inklusive der Kosten der aktuellen Pfändungsmaßnahme tatsächlich vor Ort in bar begleichen, ist die Pfändungsmaßnahme damit erfolgreich beendet und es findet keine Hausdurchsuchung mehr statt. Kann der Schuldner einen Teil in bar begleichen kann der Gerichtsvollzieher entweder eine Ratenzahlungsvereinbarung treffen bzw. diesen Vorschlag an den Gläubiger zur Entscheidung kommunizieren oder er setzt seine begonnene Maßnahme fort und versucht, vor Ort Gegenstände pfänden zu können.

Bei der Pfändung von Guthaben aus Girokonten, Depotkonten oder bei der Bank verwalteten Wertpapieren wird dem Kreditinstitut ein sogenannter Pfändungs- und Überweisungsbeschluss als Drittschuldner zugestellt. Die Bank hat sodann die erforderliche Erklärung (Drittschuldnererklärung) innerhalb der gesetzlichen Frist zu erteilen und ab Zugang des Pfändungs- und Überweisungsbeschlusses (in der Fachsprache oftmals abgekürzt als PFÜB) Guthaben „einzufrieren", also den Kontoinhaber, Ihren Schuldner, nicht mehr hierüber verfügen zu lassen (Ausnahme nur im

Fall eines Pfändungsschutzkontos (sogenanntes P-Konto). Hierfür gelten bestimmte Freibeträge, die nicht gepfändet werden können; hierfür muss jedoch eine spezielle Vereinbarung zwischen Kunde und Bank getroffen worden sein).

Nach erfolgter Zustellung des Pfändungs- und Überweisungsbeschlusses kommt es also nicht nur auf einen Guthabensaldo zum Tag der Zustellung an; vielmehr kann mit dieser Maßnahme auch in künftige Geldeingänge bei dem Schuldner gepfändet werden. Diese Maßnahme bleibt in der Regel so lange bestehen, bis Ihr Unternehmen als Gläubiger den Auftrag zurücknimmt weil eine anderweitige Realisierung möglich war oder durch Zahlung(en) aus dieser Maßnahme eine Tilgung erfolgen konnte.

Achtung: Hat der Schuldner bei seiner Bank eine geduldete Überziehungslinie, das heißt, er kann ohne dass hierzu eine explizite Vereinbarung in Form eines Krediteseingeräumten

Dispositionskreditrahmens besteht, sein Konto überziehen bedeutet dies nicht, dass diese geduldete Linie durch die Pfändungsmaßnahme ausgeschöpft und der sich hieraus ergebende Betrag überwiesen wird.

Pfändung eines Dispositionskredites / Kreditlinien:

Anders verhält es sich bei z.B. einem eingeräumten Dispositionskreditrahmen. Es wird zwar auch hier nicht automatisch Geld aus dem Kreditrahmen an den Gläubiger überwiesen, jedoch die Pfändung vorgemerkt. Beabsichtigt der Schuldner nun über einen Betrag aus dem eingeräumten Kreditrahmen zu verfügen, wird dieser Betrag jedoch anstelle des eigentlichen Empfängers an den Gläubiger im Rahmen der Pfändungsmaßnahme überwiesen.

Aber: In der Praxis dürfte dies kaum zu einem wirtschaftlichen Erfolg führen. Einerseits stellt sich die Frage, welcher Schuldner denn aus einem gepfändeten Konto heraus versucht wird, Verfügungen vorzunehmen. Zum anderen wird es vielmehr so sein, dass die Bank aufgrund der Verschlechterung der Vermögenssituation (entsprechende Regelungen finden sich in den Allgemeinen Geschäftsbedingungen der Banken) die eingeräumte Kreditlinie – um nichts anderes handelt es sich schließlich bei einem eingeräumten Dispositionskredit – kündigen wird. Ein Erfolg könnte hier somit der Erfahrung nach nur im Wege eines Überraschungsmomentes erfolgen: Der Kunde möchte beispielsweise noch schnell Bargeld von dem Konto abheben und würde dadurch den Dispositionskredit nutzen. In diesem Moment entsteht ein Auszahlungsanspruch von dem Kunden an die Bank; dieser ist gepfändet, das Geld würde somit im Wege der platzierten Pfändung an Ihr Unternehmen ausgezahlt werden!

Unser Tipp: Oftmals verwenden Muster-Mahntexte den Hinweis auf die jetzt folgende Kontopfändung als Druckmitteln, den Schuldner zu einer Zahlung zu bewegen. Wir denken: Das Gegenteil kann Erfolg haben. Pfändung platzieren und hoffen, dass der Schuldner aus dem Dispositionskredit vor einer Kündigung durch die Bank verfügen möchte!

Pfändung von Forderungen

Besitzt der Schuldner Ihres Unternehmens selbst gegenüber Dritte eine (Geld)forderung, kann diese gepfändet werden. Eine Ausnahme stellen auch hier die nicht pfändbaren oder nur bedingt pfändbaren Forderungen dar (siehe Detailerläuterung im entsprechenden Kapitel).

Anders als bei einer Pfändung in Gegenstände wird hier nicht der Gerichtsvollzieher mit einer Pfändung vor Ort beauftragt. Vielmehr muss Ihr Unternehmen einen Pfändungsauftrag an das Vollstreckungsgericht erteilen, das Vollstreckungsgericht erlässt sodann einen Beschluss (Pfändungs- und Überweisungsbeschluss) und veranlasst damit die Pfändung einer Forderung des Schuldners gegen Dritte (Drittschuldner).

Forderungen können hierbei sein: Gehaltsforderungen, Ansprüche aus Kontoverbindung, Bausparvertrag, Rentenkassen, Ansprüche gegen Versicherungsgesellschaft, etc.

Wir verweisen hierzu auf die entsprechenden Absätze.

Pfändung von Vermögen des Schuldners auf Konten Dritter

Immer wieder kommt es vor, dass schlaue Schuldner sich Pfändungsmaßnahmen dadurch entziehen zu versuchen, indem sie ein Konto eines Dritten (z.B. Partner, Kind, etc.) für ihre bargeldlosen Transaktionen nutzen. Besonders gerissen vermuten Schuldner vorzugehen, sofern es sich bei dem benutzten Fremdkonto um ein sogenanntes P-Konto (Pfändungsschutzkonto) handelt.

Aber: Selbst wenn es sich bei dem genutzten Konto des Dritten um ein P-Konto handelt greift der eingerichtete Pfändungsschutz nicht für den Schuldner, der dieses Konto mit benutzt!

Auch auf normalen Girokonten besteht ein uneingeschränkter Herausgabeanspruch. Anteile des Schuldners aus dem Guthaben können somit gepfändet werden.

Hierfür ist ebenfalls ein Pfändungs- und Überweisungsbeschluss notwendig. Drittschuldner ist allerdings – Achtung! – nicht die Bank des Dritten, bei der die recherchierte Bankverbindung geführt wird, sondern der Dritte selbst. An diesen als Drittschuldner ist deshalb der Pfändungs- und Überweisungsbeschluss zu richten und zuzustellen. Im Weiteren muss in dem Antragsformular der Anspruch

„gegen Dritte" angegeben werden und die Bezeichnung kann beispielsweise wie folgt lauten: „Herausgabeanspruch wegen der Nutzung von Konten Dritter".

Weiter kann es im Antrag heißen: „... Wegen der im Antrag bezeichneten Ansprüche sowie wegen der Kosten für diesen Beschluss und wegen der Zustellkosten für diesen Beschluss werden die nachfolgend aufgeführten angeblichen Forderungen des Schuldners gegenüber dem Drittschuldner – einschließlich der künftig fällig werdenden Beträge – so lange gepfändet, bis der Gläubigeranspruch gedeckt ist.

Gepfändet wird der Anspruch des Schuldners gegen den Drittschuldner aus der Vereinbarung über die Abwicklung des bargeldlosen Zahlungsverkehrs durch den Drittschuldner für den Schuldner, gleich aus welchem Rechtsgrund, insbesondere der Anspruch aus § 667 BGB, aus allen vom Drittschuldner ganz oder teilweise für den Schuldner unterhaltenen oder diesem zur Abwicklung des bargeldlosen Zahlungsverkehrs zur Verfügung

gestellten Konten (Treuhandkonten).
Insbesondere werden gepfändet:

1. das zum Zeitpunkt der Pfändung und allen folgenden Tagen auf den von dem Drittschuldner zugunsten des Schuldners geführten Konten vorhandene Guthaben, soweit es dem Schuldner zuzurechnen ist;
2. alle dem Drittschuldner für den Schuldner zufließenden Gutschriften zum Zeitpunkt der Pfändung und allen folgenden Tagen;
3. alle sich im Besitz des Drittschuldners befindlichen Guthaben und Gutschriften zugunsten des Schuldners am Tage der Pfändung und allen folgenden Tagen;
4. der Anspruch des Schuldners auf Herausgabe von zu seinen Gunsten eingehenden Beträgen;
5. der Anspruch des Schuldners gegen den Drittschuldner auf Auszahlung oder Überweisung des derzeitigen und jedes künftigen Guthabens an Dritte;
6. alle dem Schuldner gegenwärtig und künftig gegen den Drittschuldner zustehenden Ansprüche auf Auszahlung, Gutschrift und Überweisung von Kreditmitteln an sich oder an

Dritte aus bereits abgeschlossenen und künftigen Verträgen des Schuldners wie des Drittschuldners mit dem Dritten und/oder dem kontoführenden Institut, insbesondere Krediten oder Überziehungskrediten ohne besondere Zweckbindung, soweit diese abgerufen wurden;
7. auf Herausgabe des auf dem Konto des Drittschuldners vorhandenen Betrages, der sich bei Beendigung des Treuhandverhältnisses mit dem Schuldner ergibt;
8. auf Herausgabe aller Unterlagen über die vom Drittschuldner für den Schuldner im Rahmen eines Auftrags-, Treuhand- oder sonstigen Verhältnisses geführten Konten.

Die Pfändung des Hauptanspruchs erstreckt sich auch auf die Rechte wie den Anspruch auf Auskunftserteilung und Rechnungslegung aus dem Auftrags- bzw. Geschäftsbesorgungsverhältnis gegen den Drittschuldner, insbesondere die Angabe der auf dem Konto des Drittschuldners erfolgten Gutschriften mit Bezeichnung der Leistung, des Betrags, des Leistenden und des Datums. ..."

Pfändung eines Bankschließfaches (Inhalt)

Ein bei der Bank gemietetes Schließfach nutzt dem ein oder anderen Schuldner, Urkunden, wertvolle Gegenstände (Schuck, etc.) oder schlicht auch Bargeld vor dem Zugriff der Gläubiger zu schützen. Hat Ihr Unternehmen nun jedoch Kenntnis von einem solchen angemieteten Schließfach, kann ein Zugriff im Rahmen der Zwangsvollstreckungsmöglichkeiten erfolgen.

Die Pfändung des Herausgabeanspruches auf den Inhalt des Schließfaches muss hierbei gegenüber dem Schuldner, nicht gegenüber der Bank, bei der dieses Fach angemietet wurde, geltend gemacht werden.

Gegenüber der Bank besteht im Rahmen dieser Pfändungsmaßnahme lediglich ein Anspruch auf Mitwirkung, das heißt auf Zutrittsgewährung zum Schließfach und gegebenenfalls bei der Öffnung.

Wie geht Ihr Unternehmen nun richtig vor?

Sie müssen zunächst über das Vollstreckungsgericht einen Pfändungs- und Überweisungsbeschluss gegenüber der Bank (!) bewirken auf Zutritt zum Schließfach und Mitwirkung bei der Öffnung. Drittschuldner ist hier also die Bank.

Wichtig zu wissen: Wurde dieser Beschluss dem Drittschuldner (Bank) zugestellt darf diese dem

Schuldner keinen Zutritt mehr zu dem Schließfach gewähren. Der Inhalt ist somit bereits gesichert. Die genaue Zeitspanne, für die der Zutritt nicht mehr gewährt wird, hängt dabei von dem Inhalt des Beschlusses ab (z.B. ob nur einmaliger oder mehrfacher Zutritt beantragt wurde). In der Praxis wird das Recht aus dem Beschluss mit dem einmaligen Zutritt als verbraucht zu sehen sein. Es befindet sich in der Regel nach der ersten Öffnung schlicht nichts (brauchbares) mehr in diesem Schließfach.

Nach dem bewirkten Pfändungs- und Überweisungsbeschluss muss Ihr Unternehmen nun einen Zwangsvollstreckungsauftrag an den zuständigen Gerichtsvollzieher erteilen, den Inhalt des Schließfaches zu pfänden. Diesem Auftrag an den Gerichtsvollzieher ist der vorliegende Pfändungs- und Überweisungsbeschluss beizufügen, damit der Gerichtsvollzieher hiermit das Zutrittsrecht des Schuldners ausüben kann. Händigt der Schuldner hierfür den erforderlichen Schlüssel oder eine Codekarte nicht aus und kann die Bank alleine keine Öffnung bewirken darf der Gerichtsvollzieher dieses Schließfach zur Not gewaltsam öffnen lassen.

Achtung: Der Auftrag an den Gerichtsvollzieher muss neben der Öffnung des Schließfaches auch die Pfändung des Inhaltes beinhalten! Würde nur die

Öffnung beauftragt, dürfte der Inhalt nicht gepfändet und verwertet werden.

Unser Tipp: Verbinden Sie diese beiden Maßnahmen direkt miteinander, indem Sie dem Antrag auf Erlass des Pfändungs- und Überweisungsbeschlusses auch gleich den Sachpfändungsauftrag an den Gerichtsvollzieher beifügen. Es wird viel Zeit gespart, da der mit der Zustellung des Pfändungs- und Überweisungsbeschlusses beauftragte Gerichtsvollzieher im selben Schritt auch gleich die Öffnung und Pfändung vornehmen kann.

Pfändung der Altersvorsorge / Rentenanspruch

Es ist zu unterscheiden, ob gesetzliche Rentenansprüche aus der gesetzlichen Rentenversicherung oder aus privaten Altersvorsorgeinstrumenten gepfändet werden sollen.

Eine Pfändung der gesetzlichen Rentenansprüche und auch Rentenanwartschaften ist grundsätzlich möglich. Es gelten hierbei die Pfändungsschutzmechanismen analog der Pfändung von Arbeitseinkommen. Eine Pfändung des gesetzlichen Rentenanspruches dürfte demnach nur wirtschaftlichen Sinn ergeben, sofern absehbar oder bekannt ist, dass die ausbezahlten oder in Zukunft auszuzahlenden Rentenansprüche über den Pfändungsfreibeträgen liegen.

Bei der privaten Altersvorsorge unterliegt die zu leistende Rentenzahlung im gleichen Umfang dem Pfändungsschutz wie bei der gesetzlichen Rente. Eine Pfändung in beispielsweise angespartes Deckungskapital einer privaten Altersvorsorge ist nicht möglich. Die Rente ist „nur" analog Arbeitseinkommen pfändbar.

Aber: Hierfür muss ein Vertrag zur (privaten) Altersvorsorge auch die Voraussetzungen erfüllen, diese finden sich in § 851c ZPO:

§ 851c ZPO (Zivilprozessordnung)
Pfändungsschutz bei Altersrenten

(1) Ansprüche auf Leistungen, die auf Grund von Verträgen gewährt werden, dürfen nur wie Arbeitseinkommen gepfändet werden, wenn

1. die Leistung in regelmäßigen Zeitabständen lebenslang und nicht vor Vollendung des 60. Lebensjahres oder nur bei Eintritt der Berufsunfähigkeit gewährt wird,

2. über die Ansprüche aus dem Vertrag nicht verfügt werden darf,

3. die Bestimmung von Dritten mit Ausnahme von Hinterbliebenen als Berechtigte ausgeschlossen ist und

4. die Zahlung einer Kapitalleistung, ausgenommen eine Zahlung für den Todesfall, nicht vereinbart wurde.

(2) [1]Um dem Schuldner den Aufbau einer angemessenen Alterssicherung zu ermöglichen, kann er unter Berücksichtigung der Entwicklung auf dem Kapitalmarkt, des Sterblichkeitsrisikos und der Höhe der Pfändungsfreigrenze, nach seinem Lebensalter gestaffelt, jährlich einen bestimmten Betrag unpfändbar auf der

Grundlage eines in Absatz 1 bezeichneten Vertrags bis zu einer Gesamtsumme von 256 000 Euro ansammeln. ²Der Schuldner darf vom 18. bis zum vollendeten 29. Lebensjahr 2 000 Euro, vom 30. bis zum vollendeten 39. Lebensjahr 4 000 Euro, vom 40. bis zum vollendeten 47. Lebensjahr 4 500 Euro, vom 48. bis zum vollendeten 53. Lebensjahr 6 000 Euro, vom 54. bis zum vollendeten 59. Lebensjahr 8 000 Euro und vom 60. bis zum vollendeten 67. Lebensjahr 9 000 Euro jährlich ansammeln. ³Übersteigt der Rückkaufwert der Alterssicherung den unpfändbaren Betrag, sind drei Zehntel des überschießenden Betrags unpfändbar. ⁴Satz 3 gilt nicht für den Teil des Rückkaufwerts, der den dreifachen Wert des in Satz 1 genannten Betrags übersteigt.
(3) § 850e Nr. 2 und 2a gilt entsprechend.

Anmerkung: In dem erwähnten § 850e ZPO ist die Berechnung des pfändbaren Arbeitseinkommens geregelt, die bei der Berechnung pfändbarer Rentenansprüche analog anzuwenden ist.

Pfändung in Vermögen / Hausrat – sogenanntes bewegliches Vermögen

Dieser Zwangsvollstreckungsauftrag dürfte in aller Regel nach Vorliegen des Vollstreckungstitels die erste Zwangsvollstreckungshandlung sein, die beauftragt wird.

Um Wiederholungen zu vermeiden beschränken wir uns an dieser Stelle auf die bereits enthaltenen Ausführungen in dem Kapitel

"Der Vollstreckungsauftrag".

Pfändung von Steuererstattungsansprüchen

Es gibt zwei unterschiedliche Konstellationen: Ihr Schuldner ist selbständig oder Ihr Schuldner ist Arbeitnehmer.

Im letzteren Fall – Ihr Schuldner geht einem Beschäftigungsverhältnis nach – kann Ihr Unternehmen zwar über einen Pfändungs- und Überweisungsbeschluss (Drittschuldner ist in diesem Fall dann das für den Wohnort des Schuldners zuständige Finanzamt)Erstattungsansprüche pfänden, ist aber auch darauf angewiesen, dass der Schuldner – sofern sich überhaupt ein Erstattungsbetrag ergibt – vorher auch relevante Steuererklärungen abgibt. Als Gläubiger hat Ihr Unternehmen keine Möglichkeiten, in diesen Prozess einzugreifen!

Es bleibt im Prinzip daher nur, für den Fall, dass eine Erstattung entstehen könnte, diesen Anspruch zu pfänden und den Schuldner anschließend davon zu überzeugen, dass die Abgabe der Erklärungen und damit die Auszahlung eines Erstattungsbetrages an Ihr Unternehmen der Alternative, dass dieser Betrag beim Fiskus verbleibt, vorzuziehen ist. Immerhin reduziert der Schuldner damit seine Verbindlichkeiten.... Ein Schreiben an den Schuldner könnte wie folgt aussehen:

Sehr geehrte/r Frau/Herr ...,

wie Ihnen durch den zugestellten Pfändungs- und Überweisungsbeschluss des Amtsgerichtes XX vom xx bekannt ist, haben wir Ihren Rückerstattungsanspruch auf zu viel durch Ihren Arbeitgeber abgeführte Lohnsteuerbeträge gepfändet und zur Einziehung überwiesen erhalten.

Sofern Sie dazu verpflichtet sind, Ihre Einkommensteuererklärung abzugeben, werden wir zu gegebener Zeit den Erstattungsbetrag erhalten und dem Forderungskonto gutschreiben. Über den sich dann ergebenden Restbetrag oder eine eventuelle Erledigung der Forderung werden wir Sie sodann informieren.

Sollten Sie allerdings bislang keine Einkommensteuererklärungen abgegeben haben und demnach keiner Veranlagungspflicht unterliegen, besteht die Pfändung dennoch, wird aber ohne Ihre Mitwirkung keinen Erfolg haben, durch den Sie im Endeffekt entlastet werden.

Wir bitten Sie daher, die beigefügten Vordrucke für das Jahr xx auszufüllen und bei Ihrem Finanzamt einzureichen. Sofern von Ihrem Arbeitslohn zu viel Lohnsteuer einbehalten und abgeführt wurde, ergibt sich ein Erstattungsbetrag. Nach einer entsprechenden Bearbeitungszeit erhalten Sie sodann einen Steuerbescheid. Den dort ausgewiesenen Erstattungsbetrag erhalten wir überwiesen und Sie reduzieren damit ohne direkte Zahlung Ihre Forderung in unserem Haus!

Als kleines Zeichen unserer Fairness bieten wir an, dass wir für die Zeit ab Einreichung Ihrer Unterlagen beim Finanzamt bis zum Vorliegen des Steuerbescheides keine weiteren Maßnahmen in die Wege leiten. Hierfür senden Sie uns einfach eine Kopie des eingereichten Bescheides, damit wir informiert sind. Nach der Überweisung des Erstattungsbetrages informieren wir Sie über den Rest-Saldo und sind uns sicher, gemeinsam eine Lösung zu finden. Ist das ein Angebot?

Sollten Sie hierzu Fragen haben, stehen wir gerne zu Ihrer Verfügung.

Bitte haben Sie Verständnis dafür, dass wir keine Steuerberatung erbringen dürfen, aber Fragen zum generellen Ablauf beantworten wir Ihnen jederzeit gerne.

Ihre xxx

Betrachten wir nun die Situation, sofern Ihr Schuldner selbständig tätig ist:

In diesem Fall ist die Frage nach der Pflicht zur Abgabe entsprechender Steuererklärungen eindeutig. Ja, diese sind selbstverständlich bei dem zuständigen Finanzamt einzureichen, mindestens für Umsatz- und Einkommensteuer.

Es empfiehlt sich daher im Allgemeinen, Steuererstattungsansprüche zu pfänden. Aber: Nicht selten wird das Finanzamt mit eigenen Forderungen die Aufrechnung erklären, so dass im Endeffekt kein Auszahlungsbetrag zur Verfügung steht.

Aber: Eventuell ist folgende Vorgehensweise erfolgversprechend:

Ihr Unternehmen pfändet im Rahmen eines Pfändungs- und Überweisungsbeschlusses bei dem zuständigen Finanzamt als Drittschuldner zum frühestmöglichen Zeitpunkt eines neuen Kalenderjahres oder direkt zu Beginn eines neuen Quartales einen noch unbezifferten Erstattungsanspruch zu einem konkret angegebenen Veranlagungszeitraum. Also Ihr Unternehmen lässt beispielsweise am 02. Januar den Beschluss zustellen über Erstattungsansprüche aus Umsatz- und Einkommensteuer für den Veranlagungszeitraum des Vorjahres. Dies ist möglich, auch wenn das Finanzamt die Höhe eines eventuellen Erstattungsanspruches nach den eingereichten Steuererklärungen durch den Schuldner erst zu einem späteren Zeitpunkt beziffern und festsetzen kann.

Was ist der Vorteil für Ihr Unternehmen? Selbst wenn das Finanzamt nach der Bezifferung eines Erstattungsanspruches mit eigenen Forderungen eine Aufrechnung erklärt, geht die Pfändung Ihres Unternehmens vor! Das Finanzamt kann dann nicht mit eigenen Forderungen aufrechnen sondern muss gemäß dem Pfändungs- und Überweisungsbeschluss einen sich eventuell ergebenden Erstattungsanspruch an Ihr Unternehmen auszahlen!

Dieses Vorgehen kann gestützt werden auf § 392 BGB:

§ 392 BGB (Bürgerliches Gesetzbuch)
Aufrechnung gegen beschlagnahmte Forderung

Durch die Beschlagnahme einer Forderung wird die Aufrechnung einer dem Schuldner gegen den Gläubiger zustehenden Forderung nur dann ausgeschlossen, wenn der Schuldner seine Forderung nach der Beschlagnahme erworben hat oder wenn seine Forderung erst nach der Beschlagnahme und später als die in Beschlag genommene Forderung fällig geworden ist.

Pfändung von Kraftfahrzeugen

Sicherlich wird es nicht selten eine geeignete Maßnahme nach einem vorliegenden Vollstreckungstitel sein, ein KFZ zu pfänden – in aller Regel verfügen Schuldner über einen PKW, ein Motorrad, einen Anhänger, ein Quad oder ähnliche werthaltige Fortbewegungsmittel.

Allerdings sind drei Aspekte zu berücksichtigen:

Zuerst muss geprüft werden, wer Eigentümer des KFZ ist. Hierüber gibt letztlich nur der frühere KFZ-Brief, die Zulassungsbescheinigung Teil II Aufschluss. Die Tatsache, dass der Schuldner Ihres Unternehmens regelmäßig mit einem KFZ Fahrten unternimmt oder dieses bei ihm vor Ort auf einem Stellplatz oder in einer Garage verwahrt wird, sagt nichts darüber aus, ob er Eigentümer ist (also das KFZ auch vollständig bezahlt ist), ob ein Finanzierungsinstitut Eigentümer ist bzw. über die Zulassungsbescheinigung Teil II verfügt, da das Eigentum zur Sicherheit während der Finanzierungsphase übertragen wurde oder ob es sich eventuell um einen Dienstwagen handelt, der dem Arbeitgeber gehört und dem Schuldner zur (auch privaten) Nutzung überlassen wird.

Ist diese Hürde genommen und es wurde durch den Gerichtsvollzieher mittels Einsicht in die Kfz-Papiere festgestellt, dass es sich um Eigentum des Schuldners handelt muss weiter geprüft werden, ob das KFZ überhaupt pfändbar ist oder ob es den unpfändbaren Gegenständen zuzuordnen ist.

Wird das KFZ gepfändet nimmt es der Gerichtsvollzieher selten sofort mit. In der Regel verbleibt es – mit Pfandsiegeln versehen – vor Ort und lediglich Papiere und Schlüssel werden vom Gerichtsvollzieher in Gewahrsam genommen. Ist der Schuldner jetzt nicht ganz schnell und reguliert Ihre Forderung auf anderem Weg wird es einen Termin zur Verwertung geben und der Verwertungserlös abzüglich der Kosten wird auf die Forderung Ihres Unternehmens überwiesen. Ein eventueller Mehr-Erlös steht dem Schuldner zu.

Würde der Schuldner das Fahrzeug trotz der angebrachten Siegel benutzen oder sogar verstecken, würde er sich strafbar machen.

Wird das KFZ aber nicht gepfändet, handelt es sich um einen unpfändbaren Gegenstand. Wann ist das der Fall?

Beispielsweise dann, sofern der Schuldner das KFZ für die Ausübung seiner Tätigkeit benötigt. Allerdings muss das Fahrzeug dann angemessen sein:

Angenommen, Ihr Schuldner ist als Vertreter für Pharmazie-Artikel tätig und nimmt bundesweit Termine in Apotheken war um dort mit vielen Produktkoffern für seinen Arbeitgeber zu werben, wird ein kompakter Kombi zu den unpfändbaren Gegenständen zählen.

Ein Luxus-Cabrio wäre in diesem Beispiel nicht angemessen mit der Folge, dass es im Rahmen einer Austauschpfändung gepfändet werden könnte.

Was ist eine Austauschpfändung?

Ihr Unternehmen wird dem Schuldner an einem angemessenen KFZ das Eigentum übertragen und im Gegenzug den Luxus-Wagen pfänden. Die Abwicklung erfolgt über den Gerichtsvollzieher und kann sich lohnen.

Bleibt nun Prüfung Nr. 3: Das KFZ steht also im Eigentum des Schuldners und kann gepfändet werden. Dann muss noch kalkuliert werden, ob sich die Pfändung, Verwahrung, Transport und Verwertung gegenüber dem zu erwartenden Verwertungserlös rentieren.

Ist auch diese Frage mit „ja" zu beantworten, steht einem Vollstreckungsauftrag an den Gerichtsvollzieher nichts mehr im Wege.

Pfändung in Immobilienvermögen

Zwangsvollstreckungsmaßnahmen in Immobilienvermögen sind in aller Regel zeit- und kostenintensiv. Gerade deshalb ist vor der Auftragserteilung eine genaue Prüfung notwendig. Ist der Schuldner Eigentümer? Gibt es mehrere Eigentümer? Sind vorrangige Hypotheken oder Belastungen vorhanden?

Diese Fragen lassen sich mit einem Einblick in das Grundbuch schnell und kostengünstig klären. Eine unbeglaubigte Abschrift aus dem Grundbuch kostet wenige Euro und kann bei berechtigtem Interesse eingesehen bzw. angefordert werden.

Weiter ist zu klären, ob die Immobilie eigengenutzt wird oder (ganz oder zu Teilen) vermietet ist. Dieser Umstand ist zwar für eine Zwangsvollstreckungsmaßnahme im ersten Schritt nicht relevant, kann jedoch im Weiteren wichtig werden (zudem könnte ggfs. Mieteinnahmen gepfändet werden).

Selten dürfte an erster Stelle bei Zwangsvollstreckungshandlungen in Immobilienvermögen des Schuldners das Ziel stehen, Barmittel zu realisieren. Immerhin ist hierfür ein nicht zu unterschätzender Prozess notwendig.

Vielmehr dürfte für Gläubiger relevant sein, ihre Forderung abzusichern. Dies kann mit einer Zwangshypothek erfolgen. Hierfür richtet Ihr Unternehmen als Gläubiger einen entsprechenden Antrag an das Grundbuchamt. Die Voraussetzungen sind: Vorliegen eines Vollstreckungstitels (mindestens über EUR 750,00), alle Voraussetzungen für die Zwangsvollstreckung sind erfüllt. Die Eintragung einer Zwangshypothek ist mit relativ geringen Kosten verbunden und sichert Ihr Unternehmen im Falle einer Versteigerung der Immobilie gegenüber ungesicherten Gläubigern ab.

Allerdings kann mit der Zwangshypothek selbst noch keine weitere Realisierung erfolgen. Hierfür wäre zunächst die Zwangsverwaltung oder Zwangsversteigerung notwendig.

Zwangsverwaltung: Die Zwangsverwaltung hat den Zweck, die Forderung Ihres Unternehmens als Gläubiger (oder ggfs. mehrere Gläubiger) aus Erträgen der Immobilie zu tilgen. Die Zwangsverwaltung kommt also in Betracht, sofern die Immobilie Erträge erwirtschaftet (also z.B. vermietet ist) und auch ohne eine Verwertung hieraus die Tilgung der Forderung erfolgen kann. Einen entsprechenden Anordnungsbeschluss erlässt das Vollstreckungsgericht auf Antrag. Hinsichtlich einer Verteilung, Befriedigung laufender Abgaben und

Kosten oder der Handhabung eines Überschusses sind komplexe Sachverhalte zu beachten. Dies würde an dieser Stelle zu weit führen. In aller Regel dürfte sich Ihr Unternehmen in diesem Stadium ohnehin rechtliche Beratung leisten.

Zwangsversteigerung: Die Zwangsversteigerung ist letztendlich der Weg, um das Immobilienvermögen zu veräußern, somit zu Geld zu machen und damit die Forderung zu tilgen. In der Praxis kommt diese letzte Konsequenz aber nur bei höheren Geldforderungen in Betracht. Abgesehen von sehr zeitintensiven Prozessen (1 Jahr und mehr sind keine Seltenheit) sind alle Kosten auch von Ihrem Unternehmen als Gläubiger vorschussweise zu leisten. Die Zwangsvollstreckung ist damit tatsächlich der letzte Ausweg, sofern keinerlei anderweitigen Möglichkeiten zu einem Erfolg führen.

Pfändung von Mieteinnahmen (Schuldner ist Vermieter)

Verfügt Ihr Schuldner über Einnahmen aus Vermietung und Verpachtung, sind diese grundsätzlich pfändbar, da es sich um eine Geldforderung handelt. Der Mieter ist in diesem Fall der Drittschuldner. Dies bedeutet, dass auch in diesem Fall ein Antrag auf Erlass eines Pfändungs- und Überweisungsbeschlusses bei dem Vollstreckungsgericht (ausschlaggebend ist der Wohnort des Schuldners, nicht der vermieteten Immobilie) beantragt werden muss. Dieser wird dem Drittschuldner (Mieter) zugestellt um die künftige Überweisung der Mietzahlung an Ihr Unternehmen zur Verrechnung auf die Forderung zu bewirken.

Achtung: Ist die Immobilie an mehr als eine Person vermietet (dies ist beispielsweise in der Regel der Fall, sofern eine Wohnung an ein Paar vermietet wird; der Mietvertrag ist dann in aller Regel mit beiden Mietern abgeschlossen), muss der Pfändungs- und Überweisungsbeschluss auch allen Mietern zugestellt werden. Alle Mieter werden damit zu Drittschuldnern.

Angenommen, das Mietverhältnis besteht zwischen dem Schuldner Ihres Unternehmens und zwei Mietern und Ihr Unternehmen lässt den Beschluss nur an einen Mieter zustellen, dann könnte der weitere Mieter die Mietzahlung mit befreiender Wirkung direkt an den Vermieter (also Ihren Schuldner!) überweisen!

Mehrere Mieter sind damit auch automatisch Gesamtschuldner. Dies bedeutet, dass im Falle einer Einstellung der Mietzahlung Ihr Unternehmen gegen alle Mieter vorgehen kann. Jeder einzelne Mieter ist Ihnen gegenüber dann verpflichtet, die Miete zu überweisen.

Tipp: Sowohl Mietrückstand als auch künftige Mietzinszahlungen sind pfändbar.

Weiterer Tipp: Handelt es sich um eine „Gefälligkeitsmiete", also eine sehr geringe Miete, da Vermieter die Mutter und Mieter der Sohn sind, lohnt sich eine rechtliche Überprüfung. Es besteht durchaus für Vermieter die Pflicht, eine ortsübliche Miete nicht zu weit zu unterschreiten, auch wenn verwandte oder nahestehende Personen Mieter sind. Gegebenenfalls kann sich hieraus ein zusätzlicher Anspruch ergeben. Dies muss aber im Einzelfall bestenfalls von einem Rechtsanwalt überprüft werden.

Pfändung der geleisteten Mietkaution (Schuldner ist Vermieter)

Ihr Unternehmen den Mietkautionsauszahlungs-/leistungsanspruch pfänden. Auch dies erfolgt über einen Pfändungs- und Überweisungsbeschluss.

Angenommen, es besteht ein Zahlungsrückstand hinsichtlich der laufenden Mietzahlung und Vermieter (Ihr Schuldner) und Drittschuldner (der Mieter) einigen sich darauf, einen bestimmten Betrag aus der Mietkaution hierfür zu verwenden, greift der Ihrem Unternehmen zustehende Auszahlungsanspruch aufgrund der Pfändungs- und Überweisungsbeschlusses und der Betrag wird Ihrem Unternehmen überwiesen, da der Drittschuldner in diesem Fall keinen Anspruch auf die Auszahlung hat. Vielmehr war beabsichtigt, eine Forderung des Vermieters – Ihres Schuldners – durch eine Verwendung aus dem Kautionsbetrag zu befriedigen.

Bei Beendigung des Mietverhältnisses ist der Vermieter (Ihr Schuldner) zur Rückzahlung der Mietkaution an den Mieter (in diesem Fall Drittschuldner) verpflichtet. Sofern der Vermieter Ansprüche auf Auszahlung in den Mietkautionsbetrag besitzt könnte eine Pfändung in Betracht kommen bzw. aufgrund des Pfändungs- und Überweisungsbeschlusses eine Auszahlung möglich werden. Anderenfalls dürfte die Rückerstattung an den Mieter erfolgen.

Pfändung der vom Schuldner geleisteten Mietkaution (Schuldner ist Mieter)

Anders verhält es sich, sofern der Schuldner Ihres Unternehmens selbst Mieter ist und Ihr Unternehmen im Wege eines Pfändungs- und Überweisungsbeschlusses bei dem Vermieter (Drittschuldner) den Auszahlungsanspruch auf die Mietkaution pfändet.

Kommt es dann bei Beendigung des Mietverhältnisses zu einer Rückzahlung, erfolgt diese aufgrund der Pfändung an Ihr Unternehmen.

Pfändung einer Unternehmensbeteiligung (Gesellschaftsanteile)

Wir betrachten an dieser Stelle folgende Konstellation: Der Schuldner Ihres Unternehmens ist Gesellschafter einer GmbH, also zu einem gewissen Anteil an einer Gesellschaft beteiligt. Es ist im GmbHG grundsätzlich geregelt, dass Geschäftsanteile veräußerlich und damit auch pfändbar sind.

Prüfen Sie zunächst durch Einsichtnahme in das Handelsregister, ob Ihr Schuldner Gesellschafter und / oder Geschäftsführer einer GmbH (oder eines vergleichbaren Unternehmens, z.B. UG) ist. Als Gläubiger steht Ihnen das Recht dieser Einsichtnahme zu. Es ist gesetzlich festgelegt, dass jeder Geschäftsführer einer GmbH eine aktuelle Liste aller Gesellschafter mit deren Anschrift und Angaben zu dem Beteiligungsverhältnis (mit welchem Betrag bzw. Anteil besteht die Beteiligung am Stammkapital) dem Handelsregister einzureichen hat.

Auch kann über die Registerakten Einsicht in den Gesellschaftsvertrag der GmbH (die Satzung) genommen werden. Hier sind in aller Regel Informationen enthalten, wie im Fall einer Pfändung eines Geschäftsanteiles damit umzugehen ist, insbesondere, ob ein Kündigungsrecht bezüglich der

Gesellschaft besteht. Diese Information ist für die weitere Verwertung des Gesellschaftsanteiles wichtig.

Achtung: Nehmen Sie in den Pfändungs- und Überweisungsbeschluss auf, dass im Fall mehrerer Geschäftsanteile alle in ihrer Gesamtheit gepfändet werden sollen. Es kommt in der Praxis immer wieder vor, dass die Anteile an einer Gesellschaft kleinteilig gewählt sind (statt z.B. einem Anteil mit 20% kann es auch vorkommen, dass Ihr Schuldner vier Anteile über je 5% hält).

Drittschuldner wird in diesem Fall die GmbH, also die Gesellschaft selbst, nicht die Gesellschafter! Die Zustellung selbst erfolgt an den/die Geschäftsführer.

Es kann also in der Praxis durchaus so sein, dass Schuldner Ihres Unternehmens der einzige Gesellschafter und Geschäftsführer der GmbH ist, gegen die Sie einen Pfändungs- und Überweisungsbeschluss beantragen.

In diesem Fall wird Drittschuldner die GmbH, Zustellung erfolgt an den Geschäftsführer, auch wenn es sich im Endeffekt immer um ein und dieselbe handelnde Person dreht. Die korrekte Zustellung ist dennoch relevant für die wirksame Zustellung und das weitere Vorgehen.

Existieren mehrere Gesellschafter und sieht der Gesellschaftsvertrag für den Fall einer Pfändung eines Geschäftsanteiles vor (dies dürfte auch die üblichste Regelung sein...), dass der gepfändete Geschäftsanteil von den übrigen Gesellschaftern eingezogen wird, ist dies nicht zu beanstanden. Allerdings ist die Gesellschaft Ihrem Unternehmen sodann zum Ausgleich als Drittschuldnerin verpflichtet.

Der Vorteil dabei ist, dass Ihr Unternehmen sich nicht um eine Verwertung bemühen muss.

Achtung: Ist in dem Gesellschaftsvertrag eine abweichende Regelung enthalten als diejenige, dass die Gesellschaft zum Ausgleich verpflichtet ist, so ist diese abweichende Regelung nicht wirksam.

Unser Tipp: Neben der reinen Werthaltigkeit eines Geschäftsanteiles sind mit der Pfändung auch weitere Ansprüche gegen die Gesellschaft verbunden, so sind mitgepfändet:

- Auszahlung eines Überschussbetrages nach Versteigerung des gepfändeten Geschäftsanteiles (sofern der reine Wert am Stammkapital die Forderung Ihres Unternehmens noch nicht komplett befriedigen konnte).

- Rückzahlungsanspruch von Stammeinlage-Kapital nach beschlossener und durchgeführter Kapitalherabsetzung.

- Etc. (Hinweis: Gerade bei größeren und aktiven Gesellschaften empfiehlt sich die rechtliche Beratung im Zusammenhang mit den Möglichkeiten, der bestmöglichen Reihenfolge in der Geltendmachung der Ansprüche und deren Abwicklung).

Pfändung einer Internetdomain

Eine Internet-Domain ist eine einmalige Adresse im Internet, die prinzipiell aus Zahlenblöcken besteht. Zur einfachen Nutzung im Alltag wird die Adresse jedoch über Wörter angesprochen. Hierzu werden sogenannte Namensserver eingesetzt, die jeder Domain-Adresse die zugeordneten Zahlenblöcke hinterlegt und diese verwaltet.

Ein Zahlenblock – sogenannte Top-Level-Domain – steht hierbei für das Land, in dem die Domain-Adresse vergeben wurde. Bekannt ist beispielsweise „.de" für Deutschland.

Vor einer Pfändung können Sie in Ihrem Unternehmen selbst und kostenfrei prüfen, ob die recherchierte oder z.B. im Impressum des Webauftrittes Ihres Schuldners angegebene Domain auch auf diesen registriert ist – nur dann kann die Pfändung erfolgreich sein.

In Deutschland kann diese Prüfung unter anderem über die DENIC e.G., Frankfurt am Main erfolgen. Sie können selbst unter www.denic.de die bekannte Domain-Adresse eingeben und Informationen zu dem hinterlegten Daten erhalten.

Wichtig zu wissen: An einer .de-Domain wird niemand Eigentümer. Es kann nur das alleinige Nutzungsrecht erworben werden. Im weitesten Sinne handelt es sich damit um ein Lizenzrecht, das somit gepfändet werden kann. In anderen Ländern registrierte Domain-Adressen können andere Regelungen gelten, auf die wir hier nicht näher eingehen.

Achtung: Eine Pfändung der Internet-Domain ist allerdings dann nicht möglich, sofern der Name der Domain ausschließlich vom aktuellen Inhaber (dem Schuldner Ihres Unternehmens) genutzt werden kann. Dies kann beispielsweise aus namensrechtlichen oder wettbewerbsrechtlichen Gründen der Fall sein. In diesen Fällen fehlt sodann das Rechtsschutzbedürfnis für die Pfändung.

Wie läuft nun die Pfändungsmaßnahme ab?

Ihr Unternehmen muss beim Vollstreckungsgericht einen Antrag auf Erlass eines Pfändungs- und Überweisungsbeschlusses stellen.

Drittschuldner für in Deutschland registrierte Domains (.de-Domains) ist die DENIC e.G. (aktuelle Anschrift im Internet abrufbar).

Achtung: Gepfändet werden kann ausschließlich das Nutzungsrecht! Der Antrag ist daher ohne die üblichen Passagen, die eine „Überweisung" ansprechen, zu stellen bzw. sind alle eine „Überweisung" betreffenden Bestandteile bei Verwendung eines Formular-Musters zu streichen.

Wie kann nun das gepfändete Nutzungsrecht an der Domain zu Geld gemacht werden?

Das ist bei einer Internet-Domain nicht ganz so einfach. Ihr Unternehmen kann die Domain selbst nutzen, für Werbeeinblendungen (gegen Bezahlung durch die werbenden Dritten) verwenden oder die Domain freihändig verkaufen oder versteigern. Hierfür gibt es auch spezialisierte Dienstleister, die Sie über Suchmaschinen im Internet ausfindig machen können.

Um allerdings spätere Forderungen Ihres Schuldners oder Streitigkeiten über den Erlös zu vermeiden empfiehlt sich an dieser Stelle vor dem Verkauf bzw. vor der Versteigerung die Schätzung des Wertes durch einen Sachverständigen.

Der größte Vorteil liegt also zunächst darin, Druck gegenüber dem Schuldner Ihres Unternehmens aufzubauen und durch die drohende Verwertung der Domain bzw. der Ankündigung, seine Inhalte hierüber nicht mehr im Internet abrufbar und einsehbar anzubieten, eventuell eine Zahlungsvereinbarung treffen zu können.

Pfändung von Unterhalt

Üblicherweise wird bei der Zwangsvollstreckungshandlung zur Geltendmachung von Unterhaltsansprüchen mittels eines Pfändungs- und Überweisungsbeschlusses in das Arbeitseinkommen gepfändet.

Nachdem Unterhaltsansprüche in Ihrem Arbeitsalltag vermutlich nicht vorkommen, möchten wir darauf an dieser Stelle nicht detailliert eingehen.

Hinweis: Dennoch soll nicht unerwähnt bleiben, dass die Pfändung von Unterhaltsansprüchen vorrangig vor weiteren Pfändungen betrieben werden kann und damit auch eine Pfändung und Überweisung von Geldbeträgen Vorrang vor Pfändungsmaßnahmen weiterer Gläubiger haben. Im Prinzip müssen hier für die Freibeträge auf Antrag außer Acht bleiben oder herabgestuft werden.

Pfändung von Kindergeld / Elterngeld / Betreuungsgeld

Kindergeld ist ausschließlich durch das unterhaltsberechtigte Kind pfändbar, nicht durch Dritte. Das Kindergeld dient ausschließlich dem Unterhalt des betroffenen Kindes. Dieser Anspruch ist damit unpfändbar für weitere Gläubiger.

Aber: Geht Kindergeld auf einem Konto ein, das von Ihrem Unternehmen bereits gepfändet ist und handelt es sich nicht um ein Pfändungsschutzkonto (P-Konto), kann der Betrag im Rahmen der Pfändung an Ihr Unternehmen überwiesen werden. Kindergeld ist also ab dem Moment, in dem es auf ein Konto überwiesen wird (Ausnahme P-Konto) nicht mehr geschützt.

Hierfür ist jedoch kein eigener Auftrag notwendig; im Rahmen einer laufenden Kontenpfändung würde ein Geldeingang unter die Pfändungsmaßnahme fallen.

Elterngeld hingegen zählt als Lohnersatzleistung mit der Folge, dass es grundsätzlich (analog Arbeitseinkommen) pfändbar ist. Erziehungsgeld wiederum nicht, hier handelt es sich um eine Sozialleistung, die nicht gepfändet werden kann.

Ein Sockelbetrag von monatlich EUR 300,00 ist jedoch unpfändbar (anrechnungsfreier Betrag - Stand

Dezember 2017). Darüber hinausgehende Beträge kommen grundsätzlich für eine Pfändung mittels Pfändungs- und Überweisungsbeschluss in Betracht.

Achtung: Leistungsempfänger können bei der Antragstellung auf Elterngeld entscheiden, ob sie es für einen verlängerten Zeitraum erhalten wollen (anstelle für 12 Monate wird für 24 Monate jedoch dann nur der hälftige Betrag ausgezahlt, so dass im Endeffekt dieselbe Gesamtsumme an Elterngeld ausgezahlt wurde). In diesem Fall reduziert sich der anrechnungsfreie Betrag von EUR 300,00 auf ebenfalls die Hälfte, somit auf EUR 150,00.

Betreuungsgeld wäre ebenfalls grundsätzlich pfändbar, jedoch beträgt der monatliche Auszahlungsbetrag weniger als der anrechnungsfreie Betrag, so dass eine Pfändung ins Leere gehen würde. Einzige Ausnahme wäre hier der Bezug (gleichzeitig!) für mehrere Kinder, so dass sich insgesamt eine Summe über dem anrechnungsfreien Betrag von EUR 300,00 monatlich (Stand Dezember 2017) ergeben würde.

Eine Pfändung in diesen Fällen erfolgt mittels eines Pfändungs- und Überweisungsbeschlusses.

Drittschuldner ist jeweils die auszahlende Stelle. Über die örtliche zuständige Familienkasse oder Recherchen im Internet lassen sich die richtigen Ansprechpartner recherchieren.

Pfändung von Ansprüchen aus Lebensversicherung

Auszahlungsansprüche (im Erlebensfall) gegenüber einer Versicherungsgesellschaft auf fällig werdende Kapitalauszahlungen eines Lebensversicherungsvertrages sind dem Grunde nach pfändbar. Immerhin handelt es sich im Prinzip um eine Vermögensposition Ihres Schuldners.

Unterschieden werden muss jedoch, ob die Auszahlung einmalig oder durch eine Rente auf Basis monatlicher Auszahlungen erfolgt.

Die Pfändung selbst erfolgt mittels Pfändungs- und Überweisungsbeschluss; Drittschuldner ist hierbei das Versicherungsunternehmen.

Mit der Zustellung dieses Beschlusses kann Ihr Unternehmen somit den aktuellen Wert des Versicherungsvertrages (den Wert der aktuellen Versicherungssumme) pfänden. Ist in dem Vertrag eine vorzeitige Kündigung der Lebensversicherung zu einem Rückkaufswert vereinbart, kann Ihr Unternehmen den Vertrag vorzeitig beenden. Ist dies nicht vereinbart, bleiben die Ansprüche so lange gepfändet, bis der Vertrag sein reguläres Laufzeitende erreicht hat.

Achtung: Eine Pfändung wie beschrieben ist aber nur möglich (und damit erfolgreich), sofern der Schuldner Ihres Unternehmens, also der Versicherungsnehmer auch für den Erlebensfall als Begünstigter geführt wird. Hat der Versicherungsnehmer für den Erlebensfall einen anderen Begünstigen in dem Vertrag eingetragen (zum Beispiel sein eigenes Kind, der Ehepartner, etc.), ist eine Pfändung nicht möglich, da er nicht mehr Anspruchsinhaber ist sondern der Bezugsberechtigte vielmehr den Anspruch aus dem Vertrag sofort erworben hat. Es muss sich hierbei allerdings um ein sogenanntes unwiderrufliches Bezugsrecht handeln.

Tipp: Ist nur ein widerrufliches Bezugsrecht vereinbart, kann Ihr Unternehmen im Rahmen der Pfändungsmaßnahme auch den Anspruch wegen der Änderung der Bezugsberechtigung pfänden, diesen Anspruch sodann durch eine Änderung ausüben und damit die Bezugsberechtigung ändern bzw. das widerrufliche Bezugsrecht widerrufen.

Nun hat der Schuldner Ihres Unternehmens, im vorliegenden Beispiel der Versicherungsnehmer, allerdings auch das Recht (aufgrund des Gesetzes zum Pfändungsschutz der Altersvorsorge), die Pfändung des Auszahlungsanspruches durch Umwandlung in eine Rentenversicherung zu umgehen, da eine Rentenversicherung pfändungsgeschützt ist.

Die Höhe des Pfändungsschutzes ist hierbei altersabhängig. Ergibt sich kein pfändbarer Betrag über der Pfändungsfreigrenze bleiben noch zwei Möglichkeiten, die Ihr Unternehmen prüfen sollte:

Ist in dem Rentenversicherungsvertrag ein vorzeitiges Kündigungsrecht vereinbart? Dann kann eine Pfändung möglich werden.

Enthält der Rentenversicherungsvertrag ein Optionsrecht, zu späterem Zeitpunkt anstelle der Rentenzahlung wieder eine Kapitalauszahlung beantragen zu können? Auch dann wäre eine Pfändung wieder möglich.

Liegen entsprechende Informationen nicht vor lohnt es sich also, im Rahmen der Zwangsvollstreckungsmaßnahme entsprechende Auskünfte von dem Schuldner oder Drittschuldner einzufordern.

Pfändung von Schmerzensgeld

Werden dem Schuldner Ihres Unternehmens aufgrund eines Umstandes Schadenersatzansprüche zugesprochen (z.B. aufgrund Falschberatung, nach einem Unfall, etc.), sind dessen Schadenersatzforderungen für materiellen Schaden oder Schmerzensgeld uneingeschränkt pfändbar. Derartige Ansprüche sind übertragbar, vererbbar und damit auch pfändbar.

Bei Schadenersatz zur Abgeltung von Verdienstausfall sind die Einschränkungen (Pfändungsgrenzen) analog der Pfändung von Arbeitseinkommen zu beachten (§850c ZPO).

Ihr Unternehmen muss einen Antrag auf Erlass eines Pfändungs- und Überweisungsbeschlusses bei dem Vollstreckungsgericht stellen. Drittschuldner ist der jeweils zur Leistung des Schadenersatzes Verpflichtete.

Pfändung in einen Nachlass

Ist der Schuldner Ihres Unternehmens verstorben, kommt eine Vollstreckung in den Nachlass in Betracht. Im Rahmen einer Erbenermittlung über die zuständigen Ämter erfahren Sie zunächst, ob ein Erbe, mehrere Erben oder kein Erbe vorhanden sind.

Sofern der Nachlass nicht überschuldet ist und der/die Erbe/n annehmen, haftet jeder Erbe für die Forderungen Ihres Unternehmens, mehrere Erben haften gesamtschuldnerisch.

Sofern Sie über einen Vollstreckungstitel verfügen und daraus vollstrecken möchten, muss dieser auf den Erben oder die Erbengemeinschaft umgeschrieben werden.

Anschließend beantragen Sie bei dem Vollstreckungsgericht den Erlass eines Pfändungs- und Überweisungsbeschlusses und pfänden damit die Anteile der Miterben an dem noch nicht auseinandergesetzten Nachlass. Tipp: Pfänden Sie auch gleich den Auseinandersetzungsanspruch.

Drittschuldner ist der Miterbe bzw. die Miterben, sofern ein Nachlassverwalter bestimmt wurde dieser bzw. bei Anordnung einer Testamentsvollstreckung der Testamentsvollstrecker. Die Zustellung des Pfändungs- und Überweisungsbeschlusses muss bei mehreren Erben an alle Miterben erfolgen und gilt erst dann als erfolgt, sobald der letzte Miterbe die Zustellung erhalten hat. Sofern ein Nachlassverwalter oder Testamentsvollstrecker existiert, ist an diese zuzustellen.

Gemäß dem Beschluss wird aus vorhandenem Vermögen aus Girokonten bzw. Barvermögen durch Überweisung zur Einziehung an Ihr Unternehmen ausbezahlt.

Bei weiterem Vermögen (z.B. KFZ, Immobilien, etc.) ist die Anordnung der Veräußerung vorzunehmen.

Pfändung eines Erbteils / Pflichtteils

Erbt der Schuldner Ihres Unternehmens selbst und nimmt das Erbe (bzw. seinen Anteil) an, handelt es sich um Vermögenswerte, die Ihr Unternehmen ebenfalls pfänden kann.

Achtung: Ihr Unternehmen wird durch die Pfändung nicht zum Miterben! Das Recht zur Annahme oder Ausschlagung des Erbes verbleibt bei Ihrem Schuldner. Schlägt dieser das Erbe aus, geht die Pfändung ins Leere!

Gerade bei mehreren Erben (zum Beispiel Kindern des Verstorbenen) kann dieser Weg dazu genutzt werden, dass das Vermögen auf die restlichen Erben aufgeteilt wird und „inoffiziell" Ihr Schuldner dann zu späterem Zeitpunkt „seinen Anteil" erhält. Dies ist in der Praxis kaum nachzuweisen.

Tipp: Daher ist es besser, die Frist für die Annahme abzuwarten (auch wenn keine Ausschlagung erfolgt gilt dies automatisch als Annahme) und erst zu diesem Zeitpunkt den Pfändungs- und Überweisungsbeschluss zustellen zu lassen. Der Trick mit der Ausschlagung ist dann nicht mehr möglich.

Achtung: Ein weiterer Trick besteht oftmals darin, dass ein Schuldner bereits zu Lebzeiten des Erblassers durch einen Erbvertrag oder ein Testament bewusst „außen vor" gelassen, sozusagen offiziell enterbt wird. Es lässt sich dann im Weiteren kaum nachweisen, dass weitere Erben „unter der Hand" Vermögen diesem haben zukommen lassen.

Aber: In diesem Fall steht dem Schuldner Ihres Unternehmens, also dem „enterbten Erben" sein Pflichtteil zu. Dieser Pflichtteil ist sodann wieder pfändbar! Der Pflichtteil beträgt die Hälfte des gesetzlichen Erbteils und kann daher eine Pfändung durchaus lohnenswert werden lassen. Beispiel: Es sind zwei gleichberechtigte Erben vorhanden, dann beträgt nach der gesetzlichen Definition jeder Erbteil pro Erbe 50%. Die Hälfte davon, also 25% stellen dann in diesem Beispiel den Pflichtteil dar.

Achtung: Ob Ihr Schuldner seinen Pflichtteil aber geltend macht und diesen anerkennt oder nicht, obliegt ausschließlich seiner Entscheidung. Pfändbar ist er daher nur, sofern er anerkannt oder rechtshängig ist.

Die Pfändung selbst erfolgt durch einen Pfändungs- und Überweisungsbeschluss. Drittschuldner sind die Erben. Der Umstand, ob ein Erbe als Vermögensposition existiert bzw. sich in der Abwicklung befindet kann aus offiziellen Quellen, Auskunfteien oder auch aus der Vermögensauskunft des Schuldners entnommen werden, sofern zum Zeitpunkt der Abgabe im Hinblick auf eine Nachlassabwicklung entsprechende Angaben gemacht werden.

Pfändung von Krankengeld / Krankentagegeld

Hierbei handelt es sich um bedingt pfändbare Positionen. Anzuwenden sind die Vorschriften, die auch bei der Pfändung von Arbeitseinkommen zu berücksichtigen sind (Freibeträge, etc.).

Die Maßnahme selbst wird über das Vollstreckungsgericht im Rahmen einer Beantragung auf Erlass eines Pfändungs- und Überweisungsbeschlusses geprüft und ggfs. wird ein Beschluss erteilt. Drittschuldner ist die Krankenkasse des Schuldners.

Pfändung von Rückzahlungsansprüchen aus Energie-/Verbrauchskosten

Nachdem jeder Schuldner, der in einer eigenen Wohnung lebt (sei es zur Miete oder Eigentum), Verträge mit Energielieferanten haben dürfte kann auch davon ausgegangen werden, dass er monatliche Abschlagszahlungen dorthin überweist.

Die Energieversorgungsunternehmen passen hierbei Abschlagszahlungen stets an die Verbrauchswerte der Vorjahre an. Dies bedeutet, dass ein Schuldner, der im laufenden Jahr aufgrund seiner Verbindlichkeiten eventuell den Bezug von Energie aus Einsparungsgründen optimiert, mit einer Rückzahlung nach der Jahresrechnung rechnen kann.

Dieser Anspruch auf Rückzahlung eines überbezahlten Betrages ist pfändbar.

Tipp: Pfänden sie so schnell wie möglich, sofern keine anderen Maßnahmen erfolgversprechender erscheinen. Eine Auszahlung von Geldbeträgen erfolgt in der Reihenfolge vorgemerkter Pfändungen. Es erfolgt keine Verteilung auf alle platzierten Pfändungen sondern es wird nach dem Eingang der zugestellten Pfändungs- und Überweisungsbeschlüsse gearbeitet.

Ihr Unternehmen muss dabei noch nicht wissen, ob und in welcher Höhe ein Rückzahlungsanspruch entstehen wird. Alleine die Tatsache, dass Schuldner und Drittschuldner sowie der Rechtsgrund bekannt sind ermöglichen die Zustellung eines Pfändungs- und Überweisungsbeschlusses an den Drittschuldner unter Angabe der eindeutigen Forderungsbestimmung (Rückerstattungsansprüche aus Energieversorgungsvertrag Strom/Gas/etc. zu Abnahmestelle xx).

Achtung: In aller Regel verrechnen die Versorgungsunternehmen einen überbezahlten Betrag mit aktuellen Abschlägen zum Abrechnungszeitpunkt oder bereits mit dem hierauf folgenden Monat.

Hat Ihr Unternehmen den Anspruch durch Zustellung des Pfändungs- und Überweisungsbeschlusses allerding bereits gepfändet, noch bevor dem Schuldner der Anspruch auf Rechnungslegung entstanden ist (hierzu auch Regelungen in dem Vertrag bzw. den Allgemeinen Geschäftsbedingungen des Versorgungsunternehmens beachten), steht dem Drittschuldner keine Verrechnungsmöglichkeit mehr zur Verfügung. Der Versorger darf dann nicht mehr entscheiden, die Verrechnung zu wählen, sondern hat den gepfändeten Betrag auszukehren.

In der heutigen Zeit ist es sehr häufig der Fall (vor allem bei Schuldnern, die in der Regel sehr auf Ausgaben achten), dass Energieversorgungsunternehmen gewechselt werden. Online-Vergleichsportale ermöglichen immerhin einen bequemen Vergleich und lassen mögliches Einsparpotential erkennen. Je häufiger ein Versorger gewechselt wird, desto häufiger werden Endabrechnungen erstellt und desto häufiger sind Pfändungen möglich! Und: Bei Vertragsbeendigung kommt es auch nicht auf einen Zustellungszeitpunkt des PfÜb an, um eine Verrechnung zu verhindern; sehr selten sind zu diesem Zeitpunkt noch Forderungen des Versorgers zu begleichen und es entstehen auch keine weiteren Abschlagsverpflichtungen.

Pfändung von Strafgefangenengeld / Eigengeld

Sofern Strafgefangene in der Justizvollzugsanstalt (JVA) einer Arbeit nachgehen, erhalten sie hierfür diese Arbeitsleistung ein Arbeitsentgelt. Dieser Anspruch wird von der JVA aufgeteilt auf ein Hausgeldkonto und ein Eigengeldkonto des Strafgefangenen.

Eine Pfändung in das Hausgeldkonto ist nicht möglich, dieses ist unpfändbar. Gepfändet werden kann jedoch der Auszahlungsanspruch des Guthabens aus dem Eigengeldkonto. Nach verbreiteter Auffassung sind hierbei auch keine Pfändungsfreigrenzen zu berücksichtigen, da der Schuldner in diesem Fall nicht selbst für seinen Lebensunterhalt aufzukommen hat.

Der Schuldner kann jedoch Vollstreckungsschutz aufgrund besonderer Umstände beantragen, nach denen eine Pfändung eine besondere Härte bedeuten würde. Hierüber ist im Einzelfall zu entscheiden.

Die Zwangsvollstreckungsmaßnahme erfolgt mittels Pfändungs- und Überweisungsbeschluss; Drittschuldner ist die jeweilige JVA.

Pfändung in Leasingverträge (Schuldner = Leasingnehmer)

Diese Pfändungsmöglichkeit stellt eine selten gewählte Vorgehensweise dar. In der Praxis kommt es kaum zu finanziellen Befriedigungen, vielmehr kann der Druck gegenüber dem Schuldner erhöht werden.

Gepfändet werden könnten die Ansprüche aus dem Leasingvertrag, wobei Ihr Unternehmen zunächst in Kenntnis darüber kommen muss, ob das Nutzungsrecht an dem Leasingobjekt als unveräußerliches Recht pfändbar ist. Dies kann dann der Fall sein, sofern der Schuldner (Leasingnehmer) nach dem Leasingvertrag das Leasingobjekt zum Gebrauch auch einem Dritten überlassen darf. In diesem Fall kann eine Pfändung erfolgen.

In dem Pfändungs- und Überweisungsbeschluss sollte somit zunächst die Herausgabe des Leasingvertrages bzw. eine Kopie hiervon verlangt werden.

Neben der eventuell möglichen Pfändung des Nutzungsrechts kann auch das Anwartschaftsrecht gepfändet werden, das sich nach der Vertragslaufzeit ergibt (sofern vereinbart) bzw. ein Anspruch auf eine Restwertbeteiligung bei einem Mehrerlös aus dem Verkauf des Leasinggegenstandes gegenüber einem vereinbarten Wert oder aber auch der

Rückzahlungsanspruch auf gezahlte Leasingraten im Falle einer Vertragsauflösung.

Auszug aus einem PfÜb:

„...

wegen vorstehender Ansprüche und in Höhe des berechneten Gesamtbetrages zuzüglich der Kosten der Zustellung dieses Beschlusses werden die angeblichen Ansprüche des Schuldners

gegen „Leasingunternehmen" - Drittschuldner -

aus dem Leasingvertrag Nr. ..., vom ... über das KFZ ... mit dem amtlichen Kennzeichen ... gepfändet, insbesondere werden gepfändet:

1. der Anspruch des Schuldners auf Nutzung des Leasinggegenstandes, soweit ihm nach dem Leasingvertrag eine Übertragung des Nutzungsrechtes auf Dritte nicht untersagt ist.
2. der Anspruch des Schuldners auf Beteiligung am Restwerterlös.
3. der Rückzahlungsanspruch des Schuldners zu viel gezahlter Leasingraten.
4. das Anwartschaftsrecht des Schuldners auf das KFZ selbst.

Dem Drittschuldner wird verboten, an den Schuldner zu zahlen. Dem Schuldner wird geboten, sich jeder Verfügung über die gepfändeten Ansprüche und Rechte einschließlich der Gestaltungsrechte, insbesondere ihrer Einziehung, zu enthalten. Dem Schuldner wird zudem aufgegeben, dem Gläubiger bzw. dessen Vertreter die zur Forderungsrealisierung nötigen Auskünfte zu erteilen und ihm die über relevanten Urkunden, insbesondere den Leasingvertrag, herauszugeben.

Die gepfändeten Ansprüche und Rechte werden dem Gläubiger zur Einziehung überwiesen.

…"

Tipp: Hatte der Gerichtsvollzieher im Rahmen eines Vollstreckungsauftrages den Schuldner vor Ort aufgesucht und dabei die Wohnung des Schuldners auf pfändbare Vermögenswerte durchsucht und hierbei ein KFZ bemerkt, zu dem der Schuldner jedoch vorgibt, es befände sich nicht in seinem Eigentum sondern vielmehr handele es sich um ein Leasingfahrzeug empfiehlt es sich, über den Gerichtsvollzieher oder nach Erhalt des Protokolls im Anschluss direkt den Schuldner aufzufordern, eine

Kopie des Leasingvertrages als Nachweis zu übermitteln.

Nur sehr geschickte Schuldner werden verstehen, dass Ihr Unternehmen damit die nächste Maßnahme prüfen kann… .

Vollstreckungshindernisse & Vollstreckungsfehler

Liegen **Vollstreckungshindernisse** vor, machen diese die Zwangsvollstreckung unzulässig. Vollstreckungsaufträge werden bei Vorliegen eines Vollstreckungshindernisses entweder nicht bearbeitet oder – sollte sich das Hindernis während der Vollstreckungsphase ergeben – eingestellt. Die Vollstreckungsunterlagen werden unter entsprechendem Hinweis durch den Gerichtsvollzieher an den Gläubiger zurückgereicht.

Was kann ein Vollstreckungshindernis sein?

- Ein Insolvenzverfahren über das Vermögen des Schuldners

- Eine (einstweilige) Einstellung der Zwangsvollstreckung (z.B. nach Leistung und Nachweis hierüber einer Sicherheitsleistung durch den Schuldner) bzw. Aufhebung des Vollstreckungstitels (z.B. nach Einspruch gegen ein Versäumnisurteil oder bei festgestellter Nichtigkeit eines Urteils)

- Der Abschluss einer vollstreckungsbeschränkenden Vereinbarung zwischen Gläubiger und Schuldner (z.B.

zeitliche Beschränkung, Ausschluss einzelner Vollstreckungsmodalitäten, etc.)

- Die Aufhebung eines Arrestes (oder nicht rechtzeitig eingeleitete Vollstreckungsmaßnahmen hieraus)

- Nachgewiesene Bezahlung der Gesamtforderung an den Gläubiger nach Erlass des Vollstreckungstitels

Vollstreckungsfehler können eine Pfändungsmaßnahme blockieren und im schlimmsten Fall dazu führen, dass andere Gläubiger einen Zeitvorteil erhalten und damit eventuelle Vermögenswerte bereits anderweitig verwertet wurden bzw. eine Rangfolge sich verschlechtert.

Was sind klassische Vollstreckungsfehler?

Formfehler im Antrag auf Zwangsvollstreckung bzw. Antrag auf Erlass eines Pfändungs- und Überweisungsbeschlusses:

Stellt Ihr Unternehmen den entsprechenden Antrag selbst, müssen lediglich die notwendigen Pflichtangaben enthalten sein, hierzu zählen die vollständige und korrekte Firmierung, Anschrift und gegebenenfalls Angaben zu gesetzlichen Vertretern.

Beauftragen Sie einen Rechtsanwalt …

Beauftragen Sie ein Inkassounternehmen …

Stellen Sie den Antrag für ein drittes Unternehmen (z.B. in einer Konzernstruktur), müssen Sie die Bevollmächtigung schriftlich nachweisen. Entsprechende gesetzliche Regelungen finden sich in § 80 ZPO (Zivilprozessordnung):

§ 80 ZPO (Zivilprozessordnung)
Prozessvollmacht

[1]Die Vollmacht ist schriftlich zu den Gerichtsakten einzureichen. [2]Sie kann nachgereicht werden; hierfür kann das Gericht eine Frist bestimmen.

Es gibt folgende Ausnahmen, sofern ein Rechtsanwalt beauftragt wurde:

Wurde von Ihrem Unternehmen einem Rechtsanwalt eine Prozessvollmacht erteilt kann davon ausgegangen werden, dass sich diese Bevollmächtigung unter anderem auch auf sich anschließende Zwangsvollstreckungsmaßnahmen bezieht. Dies ist in der Zivilprozessordnung wie folgt geregelt:

§ 81 ZPO (Zivilprozessordnung)
Umfang der Prozessvollmacht

Die Prozessvollmacht ermächtigt zu allen den Rechtsstreit betreffenden Prozesshandlungen, einschließlich derjenigen, die durch eine Widerklage, eine Wiederaufnahme des Verfahrens, eine Rüge nach § 321a und die Zwangsvollstreckung veranlasst werden; zur Bestellung eines Vertreters sowie eines Bevollmächtigten für die höheren Instanzen; zur Beseitigung des Rechtsstreits durch Vergleich, Verzichtleistung auf den Streitgegenstand oder Anerkennung des von dem Gegner geltend gemachten Anspruchs; zur Empfangnahme der von dem Gegner oder aus der Staatskasse zu erstattenden Kosten.

Zu beachten ist zudem der § 88 ZPO, insbesondere Absatz 2:

§ 88 ZPO (Zivilprozessordnung)
Mangel der Vollmacht

(1) Der Mangel der Vollmacht kann von dem Gegner in jeder Lage des Rechtsstreits gerügt werden.

(2) Das Gericht hat den Mangel der Vollmacht von Amts wegen zu berücksichtigen, wenn nicht als Bevollmächtigter ein Rechtsanwalt auftritt.

Dies bedeutet, dass ein fehlender Nachweis einer Vollmacht nur dann durch das Vollstreckungsgericht oder das Vollstreckungsorgan nachgefordert werden kann, sofern es sich entweder <u>nicht</u> um einen bevollmächtigten Rechtsanwalt handelt oder ein Rechtsanwalt bevollmächtigt ist und der <u>Schuldner</u> die fehlende Vollmacht <u>rügt</u>.

Allerdings ist hinsichtlich der Möglichkeit einer Rüge im Hinblick auf den Umstand einer fehlenden Vollmacht eine logische Voraussetzung, dass der Schuldner von der Maßnahme Kenntnis hat. Immerhin muss er schließlich Kenntnis von dem Umstand, dass die Vollmacht fehlt, erlangen um diesen Umstand sodann rügen zu können.

Dem steht jedoch eine gesetzliche Regelung entgegen, wonach der Schuldner vor der Pfändungsmaßnahme aber gerade nicht informiert wird. Warum? Ganz klar, damit keine Vermögenswerte beiseite geschafft oder andere Vorkehrungen getroffen werden können, die sich nachteilig auf die Pfändungsmaßnahme auswirken. Es wird daher in der Praxis – zumindest zu Beginn einer Pfändungsmaßnahme – kaum vorkommen können, dass diese Maßnahme durch eine Rüge des Schuldners blockiert oder in der Umsetzung verzögert wird.

Die gesetzliche Grundlage findet sich in § 834 ZPO wie folgt:

§ 834 ZPO (Zivilprozessordnung)
Keine Anhörung des Schuldners

Vor der Pfändung ist der Schuldner über das Pfändungsgesuch nicht zu hören.

Wurde nun jedoch kein Rechtsanwalt bevollmächtigt, sondern beispielsweise ein Inkassodienstleister oder ein Unternehmen im Rahmen einer Firmengruppe oder Konzernstruktur, wird das Vollstreckungsgericht oder das Vollstreckungsorgan die Vollmacht vor Einleitung der Maßnahme nachfordern.

Zusammengefasst kann somit festgehalten werden, dass im eigenen Namen oder über einen bevollmächtigten Rechtsanwalt beabsichtigte Maßnahmen ohne Vorlage einer Vollmacht an das Vollstreckungsgericht oder das Vollstreckungsorgan gerichtet werden können und im Fall eines sonstigen Bevollmächtigten zur Vermeidung von Zeitverzug zwingend eine schriftliche Vollmacht, die sich auf die Durchführung von Zwangsvollstreckungsmaßnahmen bezieht, dem entsprechenden Antrag beizufügen ist.

Rechtsform & Firmenname

Ihr Unternehmen hat Vollstreckungstitel gegen juristische Personen (z.B. gegen eine GmbH oder UG)? Oftmals liegen zwischen dem Datum des Titels und der geplanten Zwangsvollstreckungsmaßnahme mehrere Jahre... dann lohnt es sich, vor Erteilung des Vollstreckungsauftrages zu prüfen, ob sich der Firmenname oder gar die Rechtsform geändert haben. Hat sich lediglich der Name der Gesellschaft geändert, reicht ein Nachweis darüber aus (z.B. Handelsregisterauszug), wurde jedoch die Rechtsform geändert, ist eine Rechtsnachfolgeklausel notwendig, die Ihrem Schuldner mit zugestellt werden muss. Eine Rechtsformänderung liegt beispielsweise vor, sofern eine GmbH in die Rechtsform AG oder eine UG in die Rechtsform GmbH geändert wird.

Auftragserteilung an Gerichtsvollzieher

Erteilen Sie Zwangsvollstreckungsaufträge grundsätzlich über die Gerichtsvollzieherverteilerstelle bei dem Amtsgericht, das für den Sitz (Unternehmen) oder Wohnort (Privatperson) Ihres Schuldners zuständig ist.

Bei Privatpersonen sind die Regelungen zu dem Gerichtsstand und Wohnsitz in § 13 ZPO und § 7 BGB (im Falle von minderjährigen Schuldnern in § 11 BGB) geregelt:

§ 13 ZPO (Zivilprozessordnung)
Allgemeiner Gerichtsstand des Wohnsitzes

Der allgemeine Gerichtsstand einer Person wird durch den Wohnsitz bestimmt.

§ 7 BGB (Bürgerliches Gesetzbuch)
Wohnsitz; Begründung und Aufhebung

(1) Wer sich an einem Orte ständig niederlässt, begründet an diesem Orte seinen Wohnsitz.

(2) Der Wohnsitz kann gleichzeitig an mehreren Orten bestehen.

(3) Der Wohnsitz wird aufgehoben, wenn die Niederlassung mit dem Willen aufgehoben wird, sie aufzugeben.

§ 11 BGB (Bürgerliches Gesetzbuch)
Wohnsitz des Kindes

¹Ein minderjähriges Kind teilt den Wohnsitz der Eltern; es teilt nicht den Wohnsitz eines Elternteils, dem das Recht fehlt, für die Person des Kindes zu sorgen. ²Steht keinem Elternteil das Recht zu, für die Person des Kindes zu sorgen, so teilt das Kind den Wohnsitz desjenigen, dem dieses Recht zusteht. ³Das Kind behält den Wohnsitz, bis es ihn rechtsgültig aufhebt.

Die Zuständigkeit der Vollstreckungsgerichte ergibt sich aus den gesetzlichen Regelungen der §§ 764 Abs. 1 ZPO und § 828 Abs. 1 und 2 ZPO:

§ 764 ZPO (Zivilprozessordnung)
Vollstreckungsgericht

(1) Die den Gerichten zugewiesene Anordnung von Vollstreckungshandlungen und Mitwirkung bei solchen gehört zur Zuständigkeit der Amtsgerichte als Vollstreckungsgerichte.

(2) Als Vollstreckungsgericht ist, sofern nicht das Gesetz ein anderes Amtsgericht bezeichnet, das Amtsgericht anzusehen, in dessen Bezirk das Vollstreckungsverfahren stattfinden soll oder stattgefunden hat.

(3) Die Entscheidungen des Vollstreckungsgerichts ergehen durch Beschluss.

§ 828 ZPO (Zivilprozessordnung)
Zuständigkeit des Vollstreckungsgerichts

(1) Die gerichtlichen Handlungen, welche die Zwangsvollstreckung in Forderungen und andere Vermögensrechte zum Gegenstand haben, erfolgen durch das Vollstreckungsgericht.

(2) Als Vollstreckungsgericht ist das Amtsgericht, bei dem der Schuldner im Inland seinen allgemeinen Gerichtsstand hat, und sonst das Amtsgericht zuständig, bei dem nach § 23 gegen den Schuldner Klage erhoben werden kann.

(3) ¹Ist das angegangene Gericht nicht zuständig, gibt es die Sache auf Antrag des Gläubigers an das zuständige Gericht ab. ²Die Abgabe ist nicht bindend.

Auch wenn Sie aufgrund paralleler oder früherer Aufträge wissen, welcher Gerichtsvollzieher zuständig ist, kann es schließlich sein, dass sich die Zuständigkeit kurzfristig geändert hat, dieser erkrankt ist oder Urlaub hat.

Rückfragen hingegen können Sie direkt an den Gerichtsvollzieher richten – bestenfalls telefonisch während der Sprechzeiten.

Achtung: Wurde der Auftrag an ein falsches Gericht gesandt, erfolgt eine Abgabe an das zuständige Gericht nur auf Antrag des Gläubigers! Sind Sie sich daher nicht sicher, ob das ausgewählte Gericht korrekt ist empfiehlt sich vorsorglich gegebenenfalls, gleich einen Antrag auf Abgabe an das zuständige Gericht für den Fall, dass das angerufene Gericht nicht zuständig ist, aufzunehmen (vgl. § 828 Abs. 3 – Gesetzestext vorstehend abgedruckt).

Antragstellung bei dem Vollstreckungsgericht

Wird ein Antrag auf Erlass eines Pfändungs- und Überweisungsbeschlusses gestellt, ist das Vollstreckungsgericht richtig gewählt, das für den Wohnort (Privatpersonen) oder Sitz (Unternehmen) Ihres Schuldners zuständig ist.

Richten Sie den Antrag an ein nicht zuständiges Gericht, erfolgt nicht automatisch eine Weiterleitung an das zuständige Gericht. Die Folge ist ein unnötiger Zeitverzug.

Sind Sie sich daher nicht sicher, ob das ausgewählte Gericht korrekt ist empfiehlt sich vorsorglich gegebenenfalls, gleich einen Antrag auf Abgabe an das zuständige Gericht für den Fall, dass das angerufene Gericht nicht zuständig ist, aufzunehmen.

Die jeweiligen Gesetzestexte hinsichtlich der Zuständigkeit u.a. haben wir bereits vorstehend unter dem Kapitel „Auftragserteilung an Gerichtsvollzieher" für Sie abgedruckt.

Ausreichende Anzahl an Abschriften

Dem Antrag auf Erlass eines Pfändungs- und Überweisungsbeschlusses sind zusätzlich zu der Original-Ausfertigung noch mindestens drei (!) weitere Abschriften beizufügen. Warum? Diese werden nach dem Erlass an den Drittschuldner, den Schuldner und an Ihr Unternehmen als Gläubiger zugestellt. Es ist zudem gesetzlich geregelt, dass Schriftsätzen, die bei Gericht eingereicht werden, grundsätzlich die für die Zustellung erforderliche Anzahl an Abschriften beigefügt werden (§ 133 ZPO).

Transparente & nachvollziehbare Forderungsaufstellung

Achten Sie darauf, dass in Ihrem Auftrag eine auch für Laien transparente, nachvollziehbare und vollständige Forderungsaufstellung enthalten ist, der die Zusammensetzung und der Betrag der Gesamtforderung entnommen werden kann. Sie haben bereits Teilzahlungen erhalten? Dann müssen diese Beträge selbstverständlich ebenfalls in der Aufstellung enthalten sein.

Dies vermeidet Rückfragen, langwierige Aufarbeitungen und Recherchen durch den Gerichtsvollzieher und ist schließlich die Basis für eine Realisierung.

Tipp: Achten Sie auch darauf, dass Zinsen korrekt berechnet werden. Handelt es sich bei Ihrem Schuldner um eine Privatperson, gilt ein anderer Zinssatz als bei Forderungen gegen Unternehmen. Dies haben wir bereits gelernt.

Verjährung in 30 Jahren! Ist das die ganze Wahrheit?

Forderungen verjähren relativ schnell – in der Regel nach 3 Jahren, gerechnet ab Ende des Jahres, in dem die Forderung entstanden ist.

Aus diesem Grund werden Forderungen tituliert. Ab diesem Zeitpunkt haben Gläubiger dann 30 Jahre für die Geltendmachung von Ansprüchen Zeit.

Das ist aber nicht die ganze Wahrheit!

Einerseits verjähren laufende Verzugszinsen weiterhin jeweils nach 3 Jahren. Sollen diese über den kompletten Zeitraum bis zu einer vollständigen Befriedigung der Forderung auch nach vielen Jahren noch geltend gemacht werden, müsste der verjährende Teil immer wieder tituliert werden.

Nachdem die nach einer Titulierung der Hauptforderung künftig weiter entstehenden, laufenden Verzugszinsen in aller Regel in dem Titel explizit genannt sind käme eventuell eine Titulierung der laufenden Zinsen über den Weg eines Urkunden-Mahnbescheides in Betracht.

Andererseits ist es nicht so ohne Weiteres möglich, einen Vollstreckungstitel für 15 Jahre in das Archiv zu legen um dann Ansprüche daraus vollstrecken und geltend machen zu können.

Das Stichwort lautet hier: Verwirkung! Im Falle der Verwirkung besteht zwar der Anspruch weiterhin, jedoch kann dieser durch Ihr Unternehmen als Gläubiger nicht mehr durchgesetzt werden!

Wann tritt nun aber Verwirkung ein? Die allgemeine Rechtsprechung geht davon aus, dass Verwirkung eintritt, sofern der Gläubiger mit der Forderungsdurchsetzung für einen längeren Zeitraum ohne jegliche Maßnahmen abgewartet hat und weitere Umstände hinzukommen, die diese späte Geltendmachung unzulässig erscheinen lassen. Alleine die verstrichene Zeit (in der Fachsprache: Zeitmoment) ist somit in der Regel nicht ausreichend, um als Schuldner die Einrede der Verwirkung erfolgreich vorbringen zu können. Allerdings sind die Umstände (in der Fachsprache: Umstandsmoment) im Einzelfall nicht einfach zu beurteilen. Haben Sie beispielsweise massive Maßnahmen angekündigt und dann jahrelang nichts unternommen, obwohl der Schuldner zwischendurch einmal ein Zahlungsangebot unterbreitet hat, auf das Ihr Unternehmen jedoch nicht einging (da es wirtschaftlich völlig inakzeptabel war), könnte der Schuldner nach „Treu und Glauben" darauf vertraut haben, dass keine weitere Verfolgung mehr auf ihn zukommen wird. Wir raten daher, sich von Ihrem Rechtsanwalt oder Ihrer Rechtsabteilung eine Matrix erstellen zu lassen, um nicht unwissentlich in älteren Vorgängen Verwirkung eintreten zu lassen!

Im Gegensatz dazu kann die tatsächliche Realisierung aber auch nach über 30 Jahren noch erfolgen.

Durch einige Maßnahmen beginnt die Verjährung neu. Dies kann zum Beispiel dann gegeben sein, sofern der Schuldner Teil-/Abschlags-/Ratenzahlungen vornimmt oder einzelne Posten, z.B. die Verzugszinsen ausgleicht.

Ein immer wieder gesehener „Trick" der Schuldner besteht darin, die Summe der Verzugszinsen oder entstandener Kosten zu zahlen um den Gläubiger für weitere Verhandlungen milde zu stimmen (… immerhin hat er seiner Argumentation nach den Folgeschaden seines Zahlungsverzuges ausgeglichen…) – weitere Verhandlungen unterbleiben dann oder Zusagen werden nicht eingehalten, aber Zeit wurde gewonnen. Was der Schuldner aber nicht bedenkt: Er hat Zahlungen geleistet und damit beginnt die Verjährung neu.

Gleiches gilt, sofern der Schuldner die Forderung anerkennt oder eine gerichtliche Vollstreckungshandlung erfolgt. Unternimmt der

Gerichtsvollzieher einen Pfändungsversuch, beginnt die Verjährungsfrist ab diesem Tag neu zu laufen – unabhängig davon, ob der Pfändungsversuch einen Teilerfolg hatte oder nicht. Siehe hierzu auch § 212 BGB:

§ 212 BGB (Bürgerliches Gesetzbuch)
Neubeginn der Verjährung

(1) Die Verjährung beginnt erneut, wenn

1. *der Schuldner dem Gläubiger gegenüber den Anspruch durch Abschlagszahlung, Zinszahlung, Sicherheitsleistung oder in anderer Weise anerkennt oder*

2. *eine gerichtliche oder behördliche Vollstreckungshandlung vorgenommen oder beantragt wird.*

(2) Der erneute Beginn der Verjährung infolge einer Vollstreckungshandlung gilt als nicht eingetreten, wenn die Vollstreckungshandlung auf Antrag des Gläubigers oder wegen Mangels der gesetzlichen Voraussetzungen aufgehoben wird.

(3) Der erneute Beginn der Verjährung durch den Antrag auf Vornahme einer Vollstreckungshandlung

gilt als nicht eingetreten, wenn dem Antrag nicht stattgegeben oder der Antrag vor der Vollstreckungshandlung zurückgenommen oder die erwirkte Vollstreckungshandlung nach Absatz 2 aufgehoben wird.

Fazit: Auch nach mehr als 30 Jahren können Sie unter Vorliegen gewisser Umstände noch aus einem Vollstreckungstitel gegen Schuldner vorgehen. Andererseits müssen Sie stets die Möglichkeit der Verwirkung im Hinterkopf behalten und gegebenenfalls rechtzeitig durch geeignete Maßnahme deren Eintritt verhindern.

Arbeiten Sie mit einem Dienstleister zusammen, der eine Überwachung titulierter Forderungen zum Auftrag hat, sollte dieser entsprechend handeln – es sei denn, dies ist ausdrücklich ausgeschlossen.

Zwangsvollstreckung für Einsteiger
– ein Praxisratgeber
Stand: Februar 2018
RiVa PROJEKTE + MANAGEMENT GmbH, Nürnberg

Alle Rechte der Verbreitung, unabhängig des eingesetzten Kommunikationsmediums sowie Nachdruck, auch auszugsweise, sind ausdrücklich vorbehalten.

© RiVa PROJEKTE + MANAGEMENT GmbH, D-90403 Nürnberg

Haftungsausschluss
Die Ratschläge in diesem Buch sind sorgfältig aufgearbeitet und geprüft, bieten jedoch keinen Ersatz für juristischen Rat im Einzelfall. Sie dienen vielmehr einer ersten Orientierung und Empfehlungen zu möglichen Vorgehensweisen. Alle Angaben in diesem Buch erfolgen daher ohne Gewährleistung oder Garantie seitens des Autors oder des Verlages. Eine Haftung des Autors bzw. des Verlages und seiner Beauftragten für Personen-, Sach- und Vermögensschäden ist daher ausgeschlossen.

Weiter erfolgt durch dieses Buch keine Rechtsberatung; die Inhalte verstehen sich als allgemeine Information ohne individuell beratenden Charakter; für Internet-Links, die in diesem Buch genannt werden, wird keine Haftung übernommen.

Aus Vereinfachungsgründen ist im Text überwiegend die männliche Bezeichnungsform gewählt. Wir weisen darauf hin, dass damit selbstverständlich auch jeweils alle Geschlechter gemeint sind.

Zitiervorschlag: *„Schauer – Zwangsvollstreckung für Einsteiger"*

Printed in Great Britain
by Amazon